台前幕后的瑰丽人生

演员

宋怡明 ◎ 著

中国出版集团

现代出版社

图书在版编目（CIP）数据

台前幕后的瑰丽人生 / 宋怡明著.——北京：
现代出版社,2013.1 （2024.12重印）
（我的未来不是梦）
ISBN 978-7-5143-1048-1

Ⅰ.①台… Ⅱ.①宋… Ⅲ.①演员－生平事迹－世界
－青年读物②演员－生平事迹－世界－少年读物 Ⅳ.
①K815.78-49

中国版本图书馆 CIP 数据核字(2012)第 297809 号

我的未来不是梦—台前幕后的瑰丽人生(演员)

作　　者	宋怡明	
责任编辑	李　鹏	
出版发行	现代出版社	
地　　址	北京市朝阳区安外安华里 504 号	
邮政编码	100011	
电　　话	(010) 64267325	
传　　真	(010) 64245264	
电子邮箱	xiandai@cnpitc.com.cn	
网　　址	www.modernpress.com.cn	
印　　刷	唐山富达印务有限公司	
开　　本	700×1000　1/16	
印　　张	12	
版　　次	2013 年 1 月第 1 版第 1 次印刷　　2024 年 12 月第 4 次印刷	
书　　号	ISBN 978-7-5143-1048-1	
定　　价	47.00 元	

序 言

这套以"我的未来不是梦"命名的丛书，经过众多编者的数年努力，终于以这样的形式问世了。

此时，恰值党的"十八大"刚刚胜利闭幕，选举出了以习近平同志为首的党中央领导集体。"十八大"报告中对教育领域提出："坚持教育为社会主义现代化建设服务、为人民服务，把立德树人作为教育的根本任务，培养德智体美全面发展的社会主义建设者和接班人。"这使我们编者更感此套丛书生即逢时，契合新时期新要求，意义重大。

我们编写的这套《我的未来不是梦》系列丛书，精选了古往今来的一些重要职业，尤以当下热点职业为重。而"梦想的实现"则是本套丛书的核心。整套书立意深远，观点新颖，切合实际，着眼实用，是不可多得的青少年优质读物。

我们深信，这套丛书必将伴随小读者们的生活与学习，而促进他们德智体美全面健康的成长。更使他们对未来充满信心，驾驭着新知识和新科技，驶入海洋，飞向蓝天，去实现最美好的梦想！

目录 CONTENTS

第一章

电影，你那暗影中的无穷魅力

◦导读◦

　　当电影院里的灯光渐渐的熄灭，当银幕慢慢的亮起来，在接下来的几十分钟里，电影让我们安静、沉默，但我们的心灵却丰富，被震撼。沉浸在光影和声音组合成的世界中，我们欣赏着艺术家带给我们的视觉盛宴，体味着百味人生……

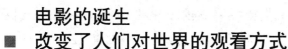

电影的诞生
改变了人们对世界的观看方式

电影，也称映画，是由活动照相术和幻灯放映术结合发展起来的一种现代艺术。电影是一门可以容纳文学戏剧、摄影、绘画、音乐、舞蹈、文字、雕塑、建筑等多种艺术的综合艺术，但它又具有独自的艺术特征。电影在艺术表现力上不但具有其他各种艺术的特征，又因可以运用蒙太奇这种艺术性极强的电影组接技巧，具有超越其他一切艺术的表现手段，而且影片可以大量复制放映。

电影的诞生改变了人们对世界的观看方式。

1877 年，美国大发明家托马斯·爱迪生发明了留声机。留声机的发明改变了人类的听觉方式：它可以保留住声音，使人类的耳朵可以超越时间与空间的阻隔。在此之后，这个人类历史上最伟大的发明家又由此产生了新的灵感：声音可以保留，那么，影像呢？

1889 年，在一次旅行途中，爱迪生画出了一张摄影机的草图，不久便制造出了一台能将几个动画形象记录在一条短胶带上的相机。同时还制作了一台观景器。这就是"活动电影放映机"的雏形，人们终于得以看到移动着的画面了。经过不断的实验和改良，1894 年爱迪生发明了"电影视镜"。

1894 年 4 月 14 日，第一家活动电影放映机影院在纽约开放，爱迪生将摄制的胶版影像在此公映，轰动了美国。第二天的《纽约时报》详尽地描

绘了当时的精彩场面。不久,爱迪生的电影视镜传到了当时的中国,人们称之为"西洋镜"。尽管爱迪生的电影视镜每次仅能供一人观赏,一次只能放几十英尺的胶片,但他的电影视镜是利用胶片的连续转动造成影像活动的幻觉,所以说,最原始的电影的发明者是爱迪生。谈到这一点,爱迪生却谦虚地说:"对于电影的发展,我只是在技术上出了点力,其他的都是别人的功劳。"

1895 年,法国的奥古斯特·卢米埃尔和路易·卢米埃尔兄弟受到爱迪生的"电影视镜"的启发,发明了"活动电影机"。1895 年 12 月 28 日,星期六,卢米埃尔兄弟在巴黎的卡普辛路 14 号"大咖啡馆"的地下室里,正式向社会公映了他们自己摄制的《火车到站》、《水浇园丁》、《婴儿的午餐》、《工厂的大门》等 12 部纪实短片,历时 30 分钟。

卢米埃尔兄弟是第一个利用银幕进行投射式放映电影的人。史学家们认为,卢米埃尔兄弟的拍摄和放映活动已经脱离了实验阶段,标志着电影器械发明时期的结束,因此,他们把 1895 年 12 月 28 日世界电影首次公映之日定为电影诞生日,卢米埃尔兄弟自然当之无愧地成为"电影之父"。

1903 年,爱迪生公司摄制了第一部故事片《火车大劫案》。这是一部美国西部片,E·S·鲍特在影片中使用了剪辑技巧,成为使用交叉手法造成戏剧效果的第一位导演。从这一刻起,电影从一种新奇的技术渐渐地发展成为一门艺术。

■ 演员让银幕更加璀璨生辉

前苏联演员、导演阿纳托利·邦达尔丘克曾经这样评价电影中演员的地位:"不论我们的导演、摄影技巧以及我们复杂的电影生产部门所取得的成就多么重大,无论我们的电影语言多么精辟和诗意盎然,最终,影片的成

败仍决定于影片中的演员陛下。"

电影演员是演员的一种，他们的工作是塑造电影中的人物角色。电影演员一般都具有深厚的生活基础和熟练的表演技巧。在创作风格上，一般可分本色演员和性格演员两种。

本色演员运用本人的容貌、体态、气质甚至本人的个性来塑造人物形象，多扮演一些与他们自身的外形、气质、性格近似的角色，表演接近于生活，真实自然。虽然塑造的角色看似就是那个演员自己，但却具有鲜明的人物性格。其局限是往往只能表现单一的银幕形象，而不能通过表演去创造更多丰富多彩的形象。性格演员善于运用表演技巧来塑造各种各样不同性格的人物形象，擅长通过独特的表演进行银幕形象的再创造，塑造出的角色有别于演员自身，有别于自己饰演过的其他人物形象，也有别于其他演员扮演过的同一人物形象。性格演员具有很强的可塑性，戏路较宽。

无论是本色演员还是性格演员，在艺术创造中都必然具有自己的创作个性和表演特色。现在的观众喜欢把外形俊美靓丽的男女演员称为"偶像派"。一旦观众在演技方面接受了这些偶像派的演出，那么，他们就有可能转为"实力派"了，到那个时候，一批又一批新的"偶像派"又将出现在银幕上。

■ 电影明星和明星制造

电影明星一词始于无声片时期。在电影发展的早期，杰出的电影演员并没有太大的知名度，因为那时候他们很少使用真名。随着人们出于对电影演员的喜爱而走进电影院的次数的增多，电影演员对票房的号召力日益增长，聪明的电影制片商们发现了电影演员更深意义上的价值所在。他们

开始选用在表演艺术方面取得一定成就而在观众中具有某种影响的电影演员出演电影,用"明星"一词来打造他们,使其创造出与其他普通的电影演员不同的吸引力,从而谋取到更高的票房价值。

"明星"一词被创造出来之后为广大观众所接受和推崇,明星制造大获成功。"电影明星"这一称谓从此便开始盛行,并在世界影坛沿用至今。

克拉克·盖博在20世纪三四十年代的美国影坛上是"电影明星"的代表人物,是地位的象征。当时的美国甚至流行这样一句话:"你以为你是谁?克拉克·盖博吗?"

电影明星是观众心目中完美形象的化身,从电影银幕上走下来的他们,走到哪里都会引起粉丝的追捧。在某种程度上,电影明星就是票房的保证。只要有他们参演的电影,就会有投资方大把大把地往里面砸钱,就会有蜂拥而至的观众,就会有让投资商眉开眼笑的巨额利润。

从电影演员到电影明星的过程并不轻松,需要很多决定因素:精湛的演技、敬业精神、专业态度、独特个性及个人魅力缺一不可,同时,作为电影工业制造业中的一个被制造被生产出来的"产品",电影明星的存在更多地依靠影像本体和电影之外的一系列明星生成机制的运作,如公司包装、制片制度、媒体宣传炒作等。电影制片商和投资方也更大程度上决定了一个演员能否有成为明星的机遇。曾经执掌好莱坞最大的制片公司——米高梅公司的业务长达三十多年的路易斯·梅耶曾经对一个明星怒吼:"我造就了你,我也可以毁了你!"由此可见,明星的出现更多是偶然而不是必然的。

虽然被叫作"电影明星"的演员越来越多了,"电影明星"们的钱包的含金量越来越足了,但让人遗憾的是,"电影明星"这几个字的含金量越来越低了。所以有的演员不屑于别人叫他们明星。他们说,别叫我明星,我不是明星,我是演员。

这话说得挺好,明星虽耀眼却有时星运短暂,但是,做一名好演员,永远用角色说话,倒是让人心生喜欢和敬佩。

● 智慧心语 ●

对于电影的发展,我只是在技术上出了点力,其他的都是别人的功劳。我希望大家不要只拿电影来赚钱,也要为社会多作一些有益的贡献。

——爱迪生

我愿双膝跪地,亲吻有才能的人走过的地面。

——路易斯·梅耶

电影是我们时代的王者。

——让·雷阿诺

我终生都对悬念作品有着浓厚的兴趣,这是一种特殊的虔诚和痴迷。

——阿尔弗雷德·希区柯克

我的未来不是梦

台前幕后的瑰丽人生

第二章

心存梦想，坚持不懈

李小龙

◇导读◇

梦想无处不在，无时不在。它悄悄地潜伏在我们心灵最深处，或模糊，或清晰。其实把梦想大声地说出来也无妨。即使别人跟你说你的梦想难以实现，你也不必介意，那只不过意味着他们自己做不到罢了。英国天文学家阿·安·普罗克特说："梦想一旦被付诸行动，就会变得神圣。"那么，让我们为了心中的梦想而行动起来吧！

■ 除了梦想，我一无所有

在好莱坞众多的女明星当中，希拉里·斯万克绝对算得上是一朵奇葩。因为，她不但有着硬朗的外形，更有着精湛的演技，而她两次夺得奥斯卡影后的传奇经历更是被人们所津津乐道！

1974 年 7 月 30 日，希拉里·斯万克出生在美国一个普通家庭，父亲是一名警卫员，母亲是个文秘。从小，她就跟父母生活在华盛顿州贝林翰市的一个贫民区。出身寒微的她很喜欢盯着天空做白日梦，而她最大的梦想，就是当一名演员。因此，当同龄人在教科书上涂抹青春的时候，她已经开始频繁地在学校和社区的剧团中参加演出。

斯万克很喜欢那种融入到某个角色中的感觉，表演让她能忘却自我，忘掉烦恼，找到心灵的寄托。为了表演，她曾和十几个同龄人挤在一间小宿舍里，可她却并不觉得苦。15 岁那年，她的父母离婚了。曾经做过踢踏舞演员的母亲跟她说："如果你想继续追梦，那我们一起去好莱坞吧！"就这样，她和母亲拎着大包小包，开着婶婶卖给她们的二手车来到了洛杉矶。

一开始她们就住在车里，后来有朋友搬家，就把租下的房间暂时借给她们用。为了不被房东发现，斯万克和母亲白天出去寻找工作机会，晚上就睡在一张气垫上。但好莱坞并不善待陌生人。由于没有固定的经济人，她根本没有机会参加演出，甚至连试镜的机会都没有。母亲就攥着仅有的75 美元，跑到电话亭里挨个给经纪人公司打电话，并不停地说："我有个女儿，她长得漂亮，也很聪明，你们一定要见见她。"那时候她没有简历，没钱

拍造型照,甚至连家庭住址和电话都没有,只好和母亲整天待在电话亭里期待机会的降临。

正是应了"绝处逢生"这句老话,后来终于有一家童星公司在经过面试后同意签下她。两年后,希拉里·斯万克在电影《空手道神童IV》中崭露头角。但在群星耀眼的好莱坞,她马上又成了过眼云烟。此后的几年间,她一直在一些二三流电影中出演一些小角色,郁郁不得志。但她始终执着于自己的梦想,她相信机遇只会降临给那些有准备的人。她一边为了生计拍戏,一边不断用心地磨炼演技。

1993年美国的中部小镇发生了一起真实的事件。一个叫布莱登·蒂娜的女孩将自己装扮成男孩,并与一个女孩相爱。当真实身份败露,蒂娜被无情地强暴和谋杀。导演金伯利·皮尔斯经过5年的精心准备,决定将这个故事搬上银幕。但由谁来出演布莱登·蒂娜一时间成了一个悬而未决的问题。导演考虑了很多相貌出众的女演员,但都被一一否决了。直到看到希拉里·斯万克的照片,导演金伯利才眼前一亮——她身上那股坚定、自信的独特气质,正是饰演蒂娜的最佳人选!

虽然导演给她开出的酬劳仅为每天75美元,但斯万克还是很愉快地接受了邀请。为了使自己看起来像个男孩,她剪短了头发,减轻了体重,用布条勒住胸部,在裤子里塞上一只袜子,并在影片拍摄前反复练习"死亡"。最终,她凭借自己出色的演技打动了观众和影评人,也震撼了好莱坞。1999年,由于在《男孩不哭》中的精湛演出,她几乎横扫了全美所有的电影奖项,最后将金球奖最佳女演员奖和奥斯卡最佳女演员奖也揽入怀中。那一年,她25岁。

尽管有精湛的演技傍身,但是女演员要想在好莱坞闯出一片天地,骄人的容貌似乎比演技更为重要。希拉里·斯万克的"硬线条"成了她的绊脚石,同时也限制了她的戏路。虽然已经身为奥斯卡影后,但是没有人把她看成是一线女星。在《男孩不哭》之后的四年时间里,她先后出演了八部影片,却都没有再引起任何大规模的轰动,媒体甚至评价她"无法超越自己"。面对别人的质疑,她坦然地回答说:"谁都会有不如意的时候,但是我

会回来的。"

果然，在五年后，幸运之神再次眷顾了希拉里·斯万克。著名导演克林特·伊斯特伍德拍摄电影《百万美元宝贝》，邀请她饰演女拳击手麦琪。为了演好这个角色，她接受了长达三个月地狱式的专业训练。在影片中，她坚持不用替身，全部危险动作都亲自上阵。2005年，这部电影使斯万克生平第二次捧起了奥斯卡最佳女主角的小金人。她由此成为奥斯卡历史上继朱迪·福斯特之后，第二位在30岁之前就夺得两尊影后奖杯的女演员，也成为两次提名奥斯卡、两次都成功问鼎影后的女演员之一。

在第77届奥斯卡颁奖典礼上，希拉里·斯万克激动得声泪俱下地说："我无数次想象着自己能够再次站在这里，但我没想到这一天会这么早就到来。我不过是一个来自拖车房区，怀着梦想的女孩罢了。我记得妈妈曾用一大把美分硬币给好莱坞的经纪人挨个儿打电话，希望他们跟我签约。那时候，除了梦想，我一无所有……"

是的，除了梦想，她曾经一无所有。但正是因为有了梦想，才给了她奋发向上的动力，她才能在困境中百折不挠，勇往直前，一步一步取得更大的辉煌！

梦想，让生命充满无限可能。

逐梦箴言

有梦不觉人生寒！出身卑微的希拉里·斯万克历经挫折和磨难，但梦想却支撑着她一直走到了奥斯卡影后的颁奖台上！梦想有多远，你的人生就能走多远！

台前幕后的瑰丽人生

知识链接

奥斯卡金像奖

奥斯卡金像奖（Academy Award）就是学院奖，由电影艺术与科学学院（Academy of Motion Picture Arts and Sciences）颁发。奥斯卡金像奖 1927 年设立，从 1929 年开始，每年评选、颁发一次，从未间断过。凡上一年 1 月 1 日至 12 月 31 日上演的影片均可参加评选。每年一次在美国的好莱坞举行。半个多世纪来一直享有盛誉。它不仅反映美国电影艺术的发展进程，而且对世界许多国家的电影艺术有着不可忽视的影响。

好莱坞

好莱坞（Hollywood）本意上是一个地名的概念，它位于加利福尼亚州西南部的美国第二大城市洛杉矶市的西北部，是世界著名的电影城市，拥有全球最著名的影视娱乐业和旅游业。现在，"好莱坞"一词往往直接用来指代美国加州南部的电影工业，亦成为美国电影的代名词。

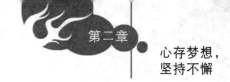

■ 写下你的梦想

他是一位武术技击家、武术哲学家，由他创立的截拳道风靡世界，至今仍被很多人津津乐道。

他是一位华人武打电影演员，功夫电影的开创者，在全球各地具有极大影响力。他在香港拍摄的 4 部半电影，3 次打破空前纪录，其中《猛龙过江》打破全亚洲票房纪录，与好莱坞合作的《龙争虎斗》总票房达 2.3 亿美金。

迄今为止，他在全球共拥有 2 亿以上的影迷。

他将 Kung Fu（功夫）一词写入了英文词典。

美国人称他为"功夫之王"，日本人称他为"武之圣者"，泰国人称他为"武打至尊"，而电影界则称他为"功夫影帝"。

他，就是李小龙。一个"最被欧洲人认识的亚洲人"，一个在世界上享誉最高的华人明星。

1940 年 11 月 27 日，李小龙出生在美国三藩市，英文名字叫布鲁斯·李。因为父亲是演员，他从小就有了跑龙套的机会，于是产生了当一名演员的梦想。由于身体虚弱，父亲让他拜师习武来强身，这为他后来的成功埋下了伏笔。1961 年，李小龙考入华盛顿州立大学主修哲学，后来，他像所有正常人一样结婚生子。但在他内心深处，一刻也不曾放弃当一名演员的梦想。

一天，他与一位朋友谈到梦想时，随手在一张便笺上写下了自己的人生目标——"我，布鲁斯·李，将会成为全美国最高薪酬的超级巨星。作为

我的未来不是梦

回报,我将奉献出最激动人心、最具震撼力的演出。从 1970 年开始,我将会赢得世界性的声誉,到 1980 年,我将会拥有 1000 万美元的财富,那时候我及家人将会过上愉快、和谐、幸福的生活。"

写下这张便笺的时候,他的生活正穷困潦倒,不难想象,如果这张便笺被别人看到,会引起什么样的嘲笑。

然而,他却把这些话深深铭刻在心底。

为了生存,也为了圆自己的电影梦,李小龙开办了一个武馆。他边教边练,刻苦磨炼,技术大有长进,尤以腿功造诣更为精深。

在此期间,一则李小龙在佛罗里达州唐人街赤手空拳制服 4 个持刀歹徒,勇救华人少女的消息在报纸上刊登,"李小龙"这个名字开始受到美国人的关注。不久后,佛罗里达州等电视台邀请李小龙去表演腿法,中国功夫渐渐地引起了人们的重视。而他创办的振藩国术馆也逐渐兴旺起来了。

为了扩大影响,李小龙经常到各处参加武术比赛,并先后在西雅图、奥克兰、洛杉矶等地开设武术分馆授徒。国术馆的规模和设备不断完善,世界上许多显赫的武打明星如美国空手道冠军罗礼士等都争着拜他为师,好莱坞的著名电影明星如占士亨宾和史蒂夫也成为他的门徒。世界拳王阿里也曾登门拜访,与他交流经验。美国各流派的拳师经常聚集在李小龙的武馆切磋武艺,他的"以武会友"的宗旨收到了预期的效果。

随着声名的远播,李小龙终于得到了一个接近梦想的机会——1971 年夏季,李小龙接受香港嘉禾电影公司的邀请,以 1.5 万美元的片酬签了两部影片。第一部是以中国武术为题材的《唐山大兄》。该片预算只有 10 万美元,而且剧本也是边拍边写的,在这种情况下却创下了香港开埠以来的电影最高票房纪录,达到了 300 万港元。继《唐山大兄》之后,李小龙又拍摄了《精武门》,此片引起更大的轰动,打破了亚洲票房纪录。李小龙在片中的大无畏精神和惊人的打斗技巧,特别是他表演中的"李三脚"、"地躺拳"和"双节棍",令观者目瞪口呆,赞不绝口。

然而,实现梦想的过程并不是一帆风顺的,李小龙克服了无数次常人难以想象的困难。比如,他曾因脊背神经受伤,在床上躺了 4 个月,但后来他却奇迹般的站了起来。此后,李小龙又自组协和电影公司,自编、自导、自演了影片《猛龙过江》和《死亡游戏》,《猛龙过江》更作世界性发行。1972年,他与美国好莱坞华纳电影公司联合拍摄了《龙争虎斗》,并亲自担任了主角,这部电影使他成为一名国际巨星。

令人痛心的是,正当李小龙雄心勃勃地准备继续拍完《死亡游戏》的时候,1973年7月20日,事业刚步入巅峰的他突然在香港因病身亡,年仅才32岁。

英年早逝的李小龙虽然没能全部实现自己当初写下的梦想,但毫无疑问,他取得的巨大成就已足以让"李小龙"这个名字永远地载入世界电影史册。1972年和1973年,李小龙两度被国际权威武术杂志《黑带》评为世界七大武术家之一。1972年还被香港评为十大明星之一。1998年,李小龙被美国《时代》周刊评为"20世纪英雄偶像"之一,他是唯一入选的华人。1993年,李小龙获香港电影金像奖大会颁发的"终身成就奖"。

多年后,在美国加州举行的"李小龙遗物拍卖会"上,李小龙那张随手写就的便笺,被一位收藏家以2.9万美元的高价买走,同时,2000份获准合法复印的副本也当即被抢购一空,以致拍卖会的主持人大叫:"这就是你以后有必要把想到的事情马上写下来的原因所在。"

——写下你的梦想,哪怕,是在一张不起眼的便笺上。

逐梦箴言

一个穷困潦倒的小子在纸上写道,自己若干年后会成为"全美国最高薪酬的超级巨星",会赢得世界性的声誉。李小龙人生故事告诉我们:任何一个伟大的成功,都是从写下梦想的那一刻开始的。

我的未来不是梦

知识链接

香港电影金像奖

香港电影金像奖(Hong Kong Film Awards)是香港及大中华电影界最重要的奖项之一,与台湾电影金马奖和大陆电影金鸡百花奖并称为华语电影最高成就的三大奖。香港电影金像奖创立于 1982 年,它并不接受所有的华语片参加竞选,竞选基本要求是一部华语片里面的香港电影人至少要达到 6 位才可参加,以符合港片元素的资格,这些条件是为了保护香港本土电影发展设立的门槛。香港电影金像奖是目前香港最具代表性、最具权威性的电影颁奖礼活动,也是香港电影人心中的"奥斯卡",是香港最具权威性的电影活动。

■ 梦想是我前行的动力

"让我告诉你们，我年轻的朋友们，坚持你们的梦想。无论如何，坚持你们的梦想。不要放弃，即便遭遇打击和挫折。"这是好莱坞著名影星阿诺德·施瓦辛格作为加利福尼亚州州长，2005年北京之行在清华大学演讲时的开场白。

在清华学子眼中，他既是演讲者，也是身体力行者。

阿诺德·施瓦辛格1947年7月30日出生在奥地利一个鲜为人知的村落——特尔村。14岁那年，他在一家商店的橱窗里偶然看到一本健美杂志，封面人物是当时赫赫有名的"宇宙先生"雷格·帕克，照片是他在电影里扮演大力神的造型。

"嘿！我的榜样就是他了。"年少的施瓦辛格为自己制订了第一个人生"规划表"：通过健美成为百万富翁，然后进入影坛，赚更多的钱，娶一个漂亮的妻子，最后成为政坛名人。当他说出自己的想法时，朋友们都觉得"太疯狂了"，认为骨瘦如柴的他是在做白日梦。就连父母也不相信他的梦想，父亲希望他踢足球，而母亲则希望他成为一个木匠。

"当我第一次抓起杠铃，稳稳握住，并高举过头顶，我就一直享受这份愉悦，我知道这就是我要做的事情；我喜爱举重，这将是我要做的事情。我要从事举重和健美运动。"施瓦辛格希望能用行动改变父母对自己的看法。

他至今还记得第一次真正训练时的情景。

当时离村子不远的地方有一座体育馆，施瓦辛格决定骑车到那里训练。教练告诉他训练半小时后要停下来休息，否则身体会酸痛，然而年轻气盛的施瓦辛格却一下子练了两个半小时。骑车回家时，他感觉身体发麻，没有握住自行车把手，连人带车摔进路边的沟里。爬起来后试图再骑，

结果骑了几米之后又摔下来。第二天早晨起床时,他觉得浑身酸痛,甚至不得不让妈妈帮他梳头。但是,他从这次经历中学到了非常重要的一课,那就是痛苦意味着进步,痛苦就是进步。

看着整天对着镜子"摆弄"肌肉的儿子,他的父母终于失去了耐心:"你在干什么? 你打算什么时候找一份工作,一份真正的工作? 你打算什么时候挣钱?"甚至还呵斥他说:"我希望我们没有养一个乞丐,一个不会挣钱,只想住在体育馆里成天想着自己形体的人。"据施瓦辛格后来回忆,他把父母这些消极想法当成一种鞭策,这些想法越消极,他就变得越积极,他的内心也逐渐变得强大起来。

21 岁的时候,他怀揣 20 美元和一个梦想,背着沾满汗水的运动包,来到美国参加在纽约举行的奥林匹亚先生争霸赛。充满自信的他走路大摇大摆,相信自己是人们见过的体格最健壮的健美运动员,但是这次只得了第二名。失败让他流下眼泪,他觉得辜负了朋友还有自己。但是第二天,重整旗鼓的他对自己说:"我要吸取这个教训,我要留在美国,和那些冠军一起训练,以美国的方式训练。我要吃美国的食物,使用美国的运动器械和原理。"一年以后,在美国,他成为了世界健美冠军。

坚持不懈的努力,使施瓦辛格成为那个时期最知名的健美运动员。从影前,他一共获得过 8 次奥林匹亚先生和 5 次环球健美先生的荣誉。

初涉影坛时,很多人对施瓦辛格表示质疑:"你不可能成功的。你有德国口音,在好莱坞从来没有带德国口音的人成功过。你或许能演一些纳粹之类的角色,但是因为你有口音,你不可能成为一线巨星。还有你的身体,你的肌肉过于发达了。"但是他并没有因此放弃,而是坚持不懈地朝着自己的目标努力,取得了非凡成就,出道的第三部影片《饥肠辘辘》就为他带来了一座金球奖。

他并没就此满足,而是为自己制订了更高的目标——"我要成为一个明星,而且每个人都将知道我的名字。"

在拍摄《终结者 I》的时候,导演卡梅隆原本打算让施瓦辛格演英雄里斯,而不是终结者。他非常希望自己能够饰演终结者,所以用了近半个小时的时间去接近卡梅隆,细致地阐述自己对剧本的理解,即使卡梅隆略施小计想激怒他，以便让他主动离开，他也没有放弃。最后，卡梅隆被他的讲解吸引住，答应了他的要求。《终结者 I》使他名声大振，一跃成为一线国际影星，进入好莱坞“2000 万俱乐部”，是全世界片酬最高的电影演员之一。

当他进军政坛、竞选加利福尼亚州州长时，更是引来一片怀疑。有人直接对他说：“阿诺德，你不会成功的，你不会成为加利福尼亚州州长的，你对政府了解多少呢？”但是，不管别人怎么说，施瓦辛格的决心毫不动摇，坚持向自己的目标挺进。于 2003 年 10 月赢得了选举，当选为加利福尼亚州州长。

2006 年 11 月，60 岁的施瓦辛格成功连任加州州长。在庆祝现场，加利福尼亚州旗从政府大厦顶端垂直悬挂着，旗上那只州熊看上去好像在垂直向上攀爬。它仿佛在告诉人们——不要吝啬梦想，你需要的就是把梦想付诸行动并全心投入，然后对自己说：“让我们放手去做。”

逐梦箴言

相信梦想，才会实现梦想。阿诺德·施瓦辛格对自己的梦想有着强烈渴望，并且信心十足。成功者的字典里没有“不可能”。

知识链接

金球奖

金球奖（Golden Globe Awards）是美国的一个电影与电视奖项，由好莱坞外国记者协会举办。金球奖从 1944 年起，每年举办一次，是美国影视界最重要的奖项之一。在 1956 年之前，金球奖只颁发电影奖项，后来才加入了电视奖项。2003 年之前，金球奖的颁奖晚宴都在美国电影艺术与科学学院为奥斯卡奖投票之日的几天前举办。因此被许多人看作是奥斯卡奖的风向标。2003 年以后，金球奖固定于每年的 1 月中旬举行，以示与 2 月下旬举办的奥斯卡金像奖颁奖典礼有所区别。

■ 追逐我的梦

他是著名歌手、音乐人,是华语乐坛最早红遍两岸三地的 80 后超级偶像。

他也是著名演员、香港金像奖影帝,是华语演艺圈炙手可热的一线男影星。

从出道到现在,他一直绯闻不断,争议不断。但同时,他也被视作"香港精神"的代表被邀请到著名大学演讲,并成为了中央电视台《新闻周刊》的新闻人物。

他,就是谢霆锋。

1980 年 8 月 29 日,谢霆锋出生在香港的一个明星家庭———父亲谢贤是著名演员,母亲狄波拉是港姐冠军。他出生刚刚 7 天就随明星父母登上杂志封面,这就注定了他今后的生活。1996 年,16 岁的谢霆锋以一名歌手的身份,加盟英皇娱乐旗下的飞图唱片公司。入行之初,谢霆锋有过一段不堪回首的演出经历。好长一段时间,只要轮到谢霆锋上台,没等主持人报完他的全名,全场就已经嘘声一片。"一直被丢荧光棒、骂脏话,有四年我自己唱什么歌,一个字都听不清楚。"

有一次,他实在不愿再面对这样的打击,就在演出前爬上高高的货柜躲了起来。后来,他的经纪人霍汶希不得不请来吊车将他拖下来,逼着他去唱歌。她大声吼叫着说:"别人都以为你是顶着父母的光环来混的,你必须用一千倍的努力来证明你自己!"于是,谢霆锋默默地流着眼泪,硬着头

皮走上舞台，认真地完成他的表演，尽管全场的嘘声湮没了他唱的每一句歌词。这样的辛酸故事，在谢霆锋初出道的三年时光里总在频繁上演。

1998 年，这种情况慢慢地开始有所转变。观众从毫不留情地嘘他到不出声地看他唱，再到热烈地鼓掌和欢呼，最后，唱完还要求加场。谢霆锋的执着逐渐赢得了观众的肯定与支持。1999 年，他在红馆举行了第一场个人演唱会，同年推出首张普通话专辑《谢谢你的爱1999》，引起极大轰动，并赢得了当年香港最受欢迎男歌手奖。这是他个人演艺生涯的第一个高峰。现在回想起来，谢霆锋反而很感谢那段不堪回首的经历。因为在他明星家庭的背景面前，刚出道没有人会看到他的努力，但也正是那些曾经给予他嘘声的观众，让他懂得了坚持的可贵。

到 2000 年时，谢霆锋的唱片销量已经超过了 100 万张，全球华人最高销量歌手奖、金曲奖等各种荣誉随之纷至沓来。与此同时，他担任主演的多部电影上映，都取得了不错的票房成绩。谢霆锋成为亚洲地区最受关注的演艺新人。

伴随着名声一起到来的，还有关于谢霆锋的各种绯闻。他的撞车顶包案、他与天后王菲的著名恋爱，他与张柏芝的轰轰烈烈的婚姻……

然而，太多人只关注了谢霆锋的八卦，而忽视了他的才能和努力。其实，业内对于谢霆锋在拍电影时的表现多用"拼命三郎"来形容。拍《古惑仔之少年激斗篇》时，他的脚被严重划伤差点截肢；拍《特警新人类》时脊椎摔伤；拍《新警察故事》，从香港会展中心跳下险些丢掉性命；在《男儿本色》中，又从高楼摔下，手臂和背部严重摔伤……大家看到的是一个不怕摔、不怕打，甚至是不要命的谢霆锋，连香港保险公司都将其列入"黑名单"。这些努力的结果是谢霆锋在演技上逐渐成熟。

2009 年底上映的《十月围城》，成了谢霆锋的转型之作，与在《男儿本色》《新警察故事》《龙虎门》等电影中饰演英雄不同，这一次，他过足了演小人物的瘾。他在片中饰演的车夫阿四没有文化，但懂得知恩图报；虽然不会武功，却照样为保护别人而牺牲了自己。监制陈可辛评价说："很多时候说一个演员演得好，是因为那个角色写得好，但霆锋的这个角色是他自

台前幕后的瑰丽人生

己演出来的。"谢霆锋对自己的这个角色也很满意："对于演小人物，我等了很久。我希望大家会真正感受到一个跟以往那个帅气又打不死的英雄不一样的谢霆锋。"凭借此片，他成功斩获第 29 届香港金像奖最佳男配角奖。

在 2010 年上映的电影《线人》中，谢霆锋继续走他的小人物路线，扮演了一位在警察与黑帮的夹缝中求生的犯人细鬼，与阿四的单纯不同，细鬼这个角色更有深度、更有内涵。对细鬼的成功刻画，让谢霆锋一年之后再次登上香港电影金像奖的领奖台，捧得最佳男主角奖。

在风口浪尖上滚爬过的谢霆锋改变了，成熟了。香港电影界对于才华和态度一向是同样看重的，谢霆锋就是靠着超出同辈的诚恳态度，名正言顺地成了新一代电影人的代表。

如今，谢霆锋更加努力地工作，唱歌、拍电影、代言广告，还创办了自己的后期制作公司，整日忙个不停。他现在拍戏，也像成龙一样不用替身，因为他要给儿子做个榜样。谢霆锋说："等孩子长大后，我一定会带他去香港会展中心看。我会告诉他，你知道吗？这是会展中心，只有两个演员在这上面站过，一个叫成龙，一个叫谢霆锋。"他希望他的孩子能记住这样一句话：要成功，你必须用一千倍的努力来证明你自己！

逐梦箴言

我们现在看到的谢霆锋，是一个横跨歌坛和影坛的超级巨星，这个发誓用一千倍的努力来证明自己的年轻人用他的成功经历告诉我们：所有为梦想付出的代价都是值得的！

知识链接

美国国家影评人协会奖

美国国家影评人协会成立于 1966 年，由约 60 名纽约地区的报纸、周刊、杂志影评人组成，以高级知识分子的品位自居，其成员也多是美国的专业级影评人。每年 1 月上旬，国家影评人协会颁发国家影评人协会奖。国家影评人协会奖是费比西奖（FIPRESCI，国际影评人奖）的美国代表。自诞生之日起，美国国家影评人协会与奥斯卡有五次"最佳影片"吻合，分别是 1977 年的《安妮·霍尔》、1992 年的《不可饶恕》、1993 年的《辛德勒的名单》、2004 年的《百万美元宝贝》和 2010 年的《拆弹部队》。

谢霆锋

■ 奋斗目标成就天才演员

　　她是《苏州河》里的牡丹和美美,她是《画皮》中的小唯,她是《夜宴》中的青女,她是《李米的猜想》中的李米,她是许多角色背后的那个周迅,是一个落入凡间的精灵。她没有接受过学院派的表演训练,却可以游刃有余地演绎各种角色,仿佛她生来就是为了电影。从影的十八年来,佳作不断,获奖无数,她是目前华语影坛第一位也是唯一包揽台湾电影金马奖、香港电影金像奖、中国电影金鸡奖、大众电影百花奖等两岸三地电影奖项影后桂冠的演员。

　　周迅的父亲在电影院工作,3 岁的她就成了电影院的常客,电影也成了她启蒙教育的一部分。18 岁的时候,她和许多同龄人一样,从来没有认真地想过自己的未来,每天就在校园里,与同学们一起唱歌跳舞。偶尔有导演来找她拍戏,她就会很高兴地去拍,不管是什么角色。直到 1993 年 5 月的一天,教她专业课的赵老师找她谈话,认真地问周迅,对自己的未来有什么打算。听到老师提出的严肃问题,周迅惊讶地愣住了,无法回答,因为她从来没有认真地思考过这个问题。赵老师又问:"现在的生活你满意吗?"周迅摇摇头,老师接着说:"不满意的话证明你还有救。你现在就想想,10年以后你会是什么样?"

　　老师的话犹如一棒敲醒了梦中人,她想好了自己的奋斗目标,那就是10 年后要成为最好的女演员,还要发行一张音乐专辑。不仅如此,老师还帮助周迅以自己的 10 年奋斗目标为基准,倒过来算,向周迅提出了一系列

的阶段目标。9 年后应该是什么样的状态，7 年后应该是什么样的状态，5 年后应该是什么样的状态，2 年后应该是什么样的状态。从此，周迅就为自己的目标而开始努力，她坚信，只要不懈的努力，时刻想着 10 年后的自己，你会朝着自己的梦想越走越近。

有了明确的人生目标之后，周迅开始有选择性地接演角色，1998 年的电视剧《大明宫词》让周迅破茧成蝶，随后的电视剧《人间四月天》《橘子红了》让两岸三地的观众都知道了有一个叫周迅的女孩。在影片《苏州河》中，她一人分饰两个角色，演绎性格截然不同的两个人，凭借此片获得第 15 届巴黎国际电影节最佳女主角。对于自己的表演，周迅坦承她是以另类气质取胜，因为"以前没学过表演，没上过戏剧学院，所以表演不是'学院派'，比较自然、着重感觉。"

2005 年周迅出演了陈可辛执导的《如果爱》，这部影片被称作 10 年来华语影片中最令人瞩目的歌舞片，此次周迅在《如果爱》中一人分饰三角，还要又唱又跳，她就像一个精灵摇身一变，变成了角色本身。凭借这部影片周迅获得香港电影金像奖的影后、台湾金马奖最佳女主角、香港金紫荆奖最佳女主角、香港评论协会最佳女主角等等，导演陈可辛称赞她是"所有导演的梦想"。

在《如果爱》获得巨大成功之后，周迅又凭借《夜宴》中的青女一角夺得第 26 届香港电影金像奖"最佳女配角奖"。在此之后，她让自己进入了调整期："我告诉自己，接下来要'归零'，让一切重新开始！若是一天到晚拍戏，往往会不知道自己到底在干什么。我需要一种站在镜头前的底气，花长长一年看剧本，不是挑剔，不是压力，而是因为害怕——害怕那种日日在镁光灯下作傻笑状，说客套话，然后两眼一呆，不知身在何方的状态。时间花在什么地方，最后大家都会看得出来。"在盛名之下周迅没有盲目接戏，而是清醒地分析自己，调整自己，这就是周迅的智慧。

周迅浑然天成的表演在 2008 的《李米的猜想》中让人们大吃一惊，几乎让所有人难以置信地把她归为天才一类，电影人文隽说："我们无条件拜服在周迅的演技下，因为周迅，《李米的猜想》就算有什么缺点都能原谅！"

我的未来不是梦

台前幕后的瑰丽人生

她也因这部影片中的表演获得第 3 届亚洲电影大奖最佳女主角、第 27 届中国电影金鸡奖最佳女主角等一系列奖项。

很多人都视周迅为天才演员，但是没有完美的天才，只有不懈努力、完善自我的天才。吴君如在电台节目中透露，周迅有在熟人面前结巴的毛病。对此周迅回应说："我一点儿都没有生气。我刚入道的时候就告诉所有人，我是一个说话会结巴的人，在紧张的时候尤其厉害，但是这并不影响我唱歌、演戏，现在，我为这缺点的存在感到骄傲，因为我克服了它，并且取得了成绩。"

紧接着我们又看到《画皮》、《孔子》、《苏乞儿》、《风声》、《听风者》等一系列周迅主演的影片，角色千变万化，但她的表演只有一个真，她说："镜头不会骗人，你的真，观众都看得见。"

有目共睹，周迅的成功不只是电影，环保、慈善、工作室，样样她都做得有声有色，18 岁时的目标早已实现，现在她又有了新目标，她说："未来 10年，想做一些真正属于自己的东西。"

逐梦箴言

对成功充满渴望的周迅，内心是充实和富足的。世事变幻难以把握，行动却可能产生力量，这力量的源泉就来自坚定的信念。信念是成功的基石，成功是信念的回报。

知识链接

亚洲电影大奖
亚洲电影大奖（Asian Film Awards），简称 AFA，设立于

2007 年，是由香港国际电影节（HKIFF）主办的首个亚洲电影颁奖礼。是亚洲电影的重要奖项，亦是香港开埠以来规模最大的国际性电影盛事，因此也被誉为"香港奥斯卡"。由多位国际影坛举足轻重的人士组成评审团，每年于入围名单中挑选最优秀的作品，颁发多项大奖及特别奖，评奖范围涉及整个亚洲地区上一年度上映的电影。亚洲电影大奖旨在表扬亚洲电影业界之杰出成就，并对全亚洲不同类型的电影作品及电影精英予以肯定。除邀请候选嘉宾出席外，更邀请享誉国际之亚洲导演及国际知名影星担任颁奖嘉宾，是星光熠熠的国际影坛盛事。

周迅

台前幕后的瑰丽人生

┌─────────────────────┐
  ● 智慧心语 ●
└─────────────────────┘

除了梦想,我一无所有。

——希拉里·斯万克

我,布鲁斯·李,将会成为全美国最高薪酬的超级巨星。

——李小龙

无论如何,坚持你们的梦想。不要放弃,即便遭遇打击和挫折。

——阿诺德·施瓦辛格

为一个好的角色,我可以将我的灵魂投入进去!

——尼古拉斯·凯奇

你知道吗?这是会展中心,只有两个演员在这上面站过,一个叫成龙,一个叫谢霆锋。

——谢霆锋

我告诉自己,接下来要"归零",让一切重新开始!

——周 迅

036

第三章

吃苦耐劳，勤奋敬业

周润发

◦导读◦

　　"业精于勤,荒于嬉;行成于思,毁于随。"哪里有勤奋,哪里就有天才;哪里有敬业,哪里就有成功。当我们将努力变成一种习惯时,我们就会停止抱怨,就会全力以赴地追逐心中的梦想,并会在工作的过程中找到快乐和幸福。

■ 努力成为一种习惯

    《上海滩》里的许文强、《英雄本色》里的小马哥、《阿郎的故事》里的阿郎、《喋血双雄》里的小庄、《卧虎藏龙》里的李慕白……这一个个极其不同的却又无比逼真的角色从眼前闪过的时候，你会很快地喊出一个名字：周润发。高大英俊带着阳光般微笑的他是影迷心中的永远英雄偶像，是香港电影史上一个时代的坐标。

    因为家庭贫困，只受过初中教育的周润发很早就担负起家庭的重担，曾经做过很多临时工，包括送货小弟、推销员、邮差、酒店服务生、照相机推销员、的士司机等，这使他养成了吃苦耐劳的性格。丰富的人生经历和生活里的种种磨难都成为他日后塑造电影角色的不竭的源泉和动力。

    1974年周润发报考无线电视第三期艺员训练班，考试时的表现并不被考官看好，但是当时有"香港话剧教父"之称的钟景辉先生极力支持他："这是一个表演天才，只是他现在还不懂得如何收放自如。"于是他顺利成为无线电视第三期艺员训练班的一员。他非常珍惜这个来之不易的机会，此后他是学员中最认真、最努力、最勤奋的一个。

    周润发一毕业就被"无线"签约录用，最初只能在一些电视剧里跑龙套，依旧是贫穷窘迫，他在工作之余也做一些兼职来贴补家用，但是从不抱怨，对自己的未来充满了梦想。没有机会，他要创造机会、寻找机会，因为他相信机会一定会降临到有准备的人身上的。于是无线电视台的电梯旁边经常站着个又高又帅、笑容可掬的男生，仿佛在等待电梯，高层问起来，有人

我的未来不是梦

说："那是艺员训练班的，叫周润发。"每天的辛苦没有白费，周润发终于等来了一部关于竞选香港小姐的宣传片，扮演一位白马王子。在片中需要骑马，当时为了不失去这个难得的机会，不会骑马的他说了谎。到了外景现场，每次一上马，那匹马就狠狠地把他摔下来，摔得他几乎断了气，要劳烦工作人员把他抬起来顿几顿才能够回过气来。周润发坚持着把宣传片拍完，半句呻吟诉苦都没有。

到了1976年，周润发参演了无线电视台拍的电视剧《狂潮》，结果一炮打响，名满香江。当年号称"金牌导演"的李翰祥看了《狂潮》电视剧之后，也大赞周润发的潜质极高。周润发从此主演了不少剧集，著名的有《网中人》和《上海滩》等，成为当时无线电视台的头号小生。在不到10年的时间里，周润发拍了近千集电视剧，大都是他演主角。这很可能是一个迄今为止还没人打破的纪录。

但是他志不在此，他希望自己能够跃上电影这个大屏幕上绽放光芒。其实从1975年起，他就接拍了第一部电影《投胎人》，以后陆续拍了许多低预算的电影，但拍电影之后周润发的事业突然陷入低潮。虽然他凭借1985年的《等待黎明》获亚洲太平洋影展、第22届金马奖最佳男主角奖，但这些电影却叫好不叫座，让他变成了票房毒药。他没有放弃，而是默默地磨炼自己的演技，等待机会，因为他始终坚信冬天来了，春天就不会太远。

此时事业陷入低潮的导演吴宇森也在探索新的出路，他邀请周润发拍摄了电影《英雄本色》。影片一上映，周润发饰演的小马哥成为深入人心的经典角色，好评如潮，因此荣获了1987年第6届香港电影金像奖最佳男主角。周润发电影事业上的春天终于来了。从此他一发不可收，主演了《秋天的童话》《赌神》《喋血双雄》《阿郎的故事》等一系列经典影片。

当年拍摄《监狱风云》的一帮艺人至今还不能忘记有一幕拍摄周润发逃狱的剧情。当时他必须跳进一个粪坑避过追捕，当揭开那个盖子时，现场的所有人都觉得臭气冲天，里面除了有屎之外，还充满粪蛆、蟑螂，但是周润发却毫不犹豫地跳进粪坑完成了那个镜头。

就这样，凭着一种对梦想的不懈追求，一种不畏艰辛的努力，无论是因

犯还是杀手还是社会上普通的小人物，都能被他注入可爱和令人同情的一面，令你无比感动，难以忘怀。他精心塑造了一个个令人深刻难忘的经典角色，被影迷誉为最有魅力的东方男人。

到了1995年周润发已经拍了70部电影，曾荣获三届香港电影金像奖最佳男主角奖，两届台湾电影金马奖最佳男主角头衔和美国电影协会颁发的亚洲杰出演员奖，80年代与成龙一并成为香港电影市场的票房保证。

当努力成为一种习惯，周润发无法满足于在华语影坛取得的成绩，他又把目标放在了世界著名的电影城市好莱坞，陆续出演了《替身杀手》、《再战边缘》、《安娜与国王》等影片，取得了不俗的成绩。2000年他和杨紫琼主演的《卧虎藏龙》更是红遍全球，使他拥有更加广泛的知名度。2004年8月周润发在香港理工大学演讲时曾感慨地说："我去好莱坞十年拍了五部电影，成不成功，我却不敢说，不敢说没有什么压力，但是，'I take my best，I've no regrets！（我已尽力，决不后悔！）'。"

直到今天，周润发还在电影的道路上探索着，努力着，像一个追梦人一样停不下脚步。表演对于他而言，不再是年轻时谋生的手段，也不仅仅是事业上的一种成功的渴望，这已经成了他生命里不可缺少的一部分。每一部戏都是新的开始，每一个角色都是另一个他。

逐梦箴言

丘吉尔曾经说过：能克服困难的人，可使困难化为良机。机会一定会降临到有准备的人身上。抓住机遇的人很多，但是把事情做到最好的人很少，周润发就是那个既能够抓住机遇又能够做到最好的人。

我的未来不是梦

台前幕后的瑰丽人生

知识链接

台湾电影金马奖

台湾电影金马奖（Golden Horse Award）是中国台湾地区的电影奖项，在华语圈中它历史最为悠久，与香港电影金像奖和大陆电影金鸡百花奖并称为华语电影最高成就的三大奖。创办于 1962 年，原由台湾"行政院新闻局"主办，后由台湾电影事业发展基金会赞助。金马奖是台湾为促进华语片制作事业，对优良华语影片以及优秀电影工作者所提供的一项竞赛奖励，成为华语影片制作事业最崇高的荣誉指标，对华人电影事业有很大的帮助和鼓励。

由于早期中国内地与中国香港并未设置类似音像制品竞赛奖励，金马奖成为华人区最受瞩目的电影盛会之一。

世界没有完美，
■ 但努力可以接近完美

著名演员刘德华从跑龙套开始一步步走到今天，成为公众眼中勤奋和努力的典范。

1961 年 9 月 27 日出生于香港新界的刘德华，最初的理想是做一个出色的导演。在读书时就经常利用晚上的时间去片场做场记或导演助理。中学毕业后刘德华报考无线电视艺员训练班学习，因为刘德华各方面素质非常优秀，他的老师极力劝说他改做演员，斟酌再三之后，刘德华听从了老师的建议。

在训练班学习期间，刘德华有很多出去跑龙套的机会，经常给很多大牌明星配戏，很多知名演员包括林子祥、周润发都对这个工作态度认真，对跑龙套也一丝不苟的年轻人赞赏有加。一次拍摄结束后，周润发还走到他身边鼓励他说："你演得很好，总有一天会出人头地的！"

1982 年，一直奔波在各个剧组间跑龙套的刘德华遇到一个走上大银幕当主角的机会，《投奔怒海》剧组的监制夏梦找到了他。

到现在刘德华还对那一幕记忆犹新，夏梦架着茶色眼镜坐在他面前和颜悦色地说："刘先生，很抱歉这么匆忙地找你，因为电影已开拍了，导演许鞍华和演员都在海南岛进行拍摄工作，我们找你演的角色原本属于周润发的，但是他推了，我们不得不找你代替。"她把手上的剧本推到刘德华面前："这是剧本，你可以拿回去和公司商量，但抱歉我们时间紧迫，请尽快给我

我的未来不是梦

一个答复好吗？"夏梦还告诉刘德华，是周润发提议让她找刘德华来拍这部戏的，林子祥和钟志文也在夏梦因为角色问题烦得要命时跟她说有个叫刘德华的年轻人外型很好，演戏也不差，最重要的是他很拼命，工作态度一流。因为他们的推荐，刘德华才会有这次千载难逢的好机会。

虽然面前摆着一个举足轻重的角色，但是刘德华始终对周润发辞演的原因心存顾虑，在从夏梦口中得知周润发不肯接拍《投奔怒海》的原因是害怕失去台湾地区的市场后，刘德华更加犹豫了："那我呢？难道我不用顾及台湾市场吗？"在思想斗争了一个晚上后，刘德华决定还是找周润发来帮自己解惑答疑。

在片场，周润发和刘德华坐在路边聊了起来，刘德华把自己的疑虑和盘托出："我非常希望能够接拍这出戏，但我跟你一样，同样担心市场问题，如果我接拍这部戏，那我的台湾市场不也有危险？"周润发皱着眉头严肃地望着刘德华："你告诉我，你哪里来的台湾市场？"刘德华哑口无言。"别怪我直言，你好好想一想，你连香港的市场也没有，更别谈台湾的。"接着他拍了拍刘德华肩膀语重心长地说："拍了，起码你会有香港和内地的市场，推了，你就什么市场也没有。对你来说，这是个好机会，别白白放过！"

刘德华知道这一趟没有白走，决定把握住这次机会。

《投奔怒海》大获成功，获得 1500 多万港元的票房，刷新本地文艺片票房纪录。

刘德华也因此片获得第二届香港电影金像奖最佳新演员提名。

借着《投奔怒海》的东风，刘德华 5 年的时间主演了近 10 部电影，前途一片光明。就在他事业如日中天的时候，一场和无线电视的续约纠纷将他的事业拉到了低谷。

刘德华不想将自己的演艺事业束缚在一份合约中。不想因为钱、因为利而强迫自己做一些不愿意做的事情，不愿做无线电视的固定长工。拒绝在无线电视续约 5 年的合同上签字，激怒了无线电视的高层，他们使出了对付不听话艺员的杀手锏："雪藏"！

刘德华坐起了冷板凳，所有的片约被无线回绝；所有有关他的镜头都被

剪掉；所有的演艺活动都被取消，新闻媒体上一切有关他的消息都销声匿迹，似乎他已经人间蒸发。

刘德华非常惶恐，自己的演艺生涯就这样夭折了吗？

慢慢的，他冷静下来，意识到要端正心态，人虽被闲置了，心却不能闲置。这段时间正好可以做以前没有时间、没有精力去做的事，他找来自己以前影视作品的录像带，一部部、一集集地反复观看，一一记下不足之处，思索、改进。再找出许多国际国内经典的影片观摩学习，把别人的长处也一一记下。渐渐的，他从中悟出了表演的门道，艺术的悟性也大大提高。

痛苦的经历虽然折磨人，却也锻炼人。合约事件解决后，刘德华以崭新的精神面貌迎来他演艺事业的又一个春天，他的身影频繁地出现在拍摄场地，他的名字也越来越多地出现在大众视野中。

如今，从艺30余年的刘德华已经取得了骄人的成绩，他是香港非官守太平绅士，他是中国残疾人福利基金会副理事长，他获得香港特别行政区荣誉勋章，他是香港娱乐圈"四大天王"之首，他是"吉尼斯世界纪录大全"中获奖最多的香港艺人。他参与演出的电影超过140部，他获得三届香港电影金像奖最佳男主角，两届台湾电影金马奖最佳男主角。他以孜孜不倦、勤奋执着创造了自己完美的人生。

逐梦箴言

由最底层的草根阶层起步，凭着不屈的精神和顽强的意志力，刘德华成为很多人的榜样和精神象征。他让渴望成功的人懂得一个道理：执着和努力是唯一秘诀。

我的未来不是梦

台前幕后的瑰丽人生

知识链接

无线电视艺员训练班

无线电视艺员训练班由香港无线电视台(TVB)开办,主要为无线电视台训练演艺人才。创办于 1971 年,每年一期,学期一年,改制后为半年。前期学习表演、台词、舞蹈、武功、编剧理论、摄影概论、电视工程等基础知识;后期是表演实习。中间经过多次考试,优胜劣汰,毕业者即签约成为无线电视签约演员。其中很多较早期的学员现已成为在香港乃至华人演艺界独当一面的巨星,如周润发、梁朝伟、周星驰、刘德华、郭富城、郑伊健、甄子丹、古天乐、吴镇宇、刘青云、吴君如、刘嘉玲等。无线电视艺员训练班是名副其实的"造星工场"。

刘德华

能力有限，努力无限

　　小时候的李冰冰家里经济条件非常不好，这使她从小就很节俭，从来都不乱花钱。为了早点参加工作，给家庭减轻经济负担，李冰冰没有上高中而是报考了师范学校音乐教育专业，中专毕业后被分配在五常市实验小学做音乐老师。没能上大学成为她心里的一个结。

　　一次偶然的机会，她认识了电视剧《赵尚志》里扮演赵尚志的演员高强，高强对她说，你应该去考"上戏"，"中戏"也可以。那时候，李冰冰连什么是"上戏"、"中戏"都不知道呢。高强给她解释"上戏"就是上海戏剧学院，她听了，居然回答说："老师，我不爱唱戏。"高强费了半天工夫，才最终把"上戏"刻进了李冰冰的眼里和心里。也正是这次谈话让李冰冰和高强成了忘年交。

　　1993年的夏天，李冰冰做了个影响她一生命运的决定——考"上戏"，圆大学梦！

　　专业课考试非常顺利，一试、二试、三试一路顺风地就过来了。回到家不久，就接到了专业课通过的通知书。这个时候离高考只有40天了。她没读过高中，语文、数学、外语都没有基础，只能在政治、历史、地理这几科上下功夫，就一天到晚地背呀背，连上厕所都在背，因为担心默背睡过去，就背出声来，嗓子背冒烟了，就吃"草珊瑚含片"，40天里吃掉二十几盒。最终考了220分，高出录取分数线30分！

　　上了大学的李冰冰特别要强，永远是宿舍里最早起床的，读书非常用功，往往一个作业没被老师通过，她就不睡觉，苦思冥想，独自钻研，直到获得老师肯定为止。刻苦学习的同时，她还利用闲暇时间去接拍一些广告赚钱贴补父母。当时李冰冰是被导演看中率最高的学生，因为别的同学大多

是在城市长大的,而她土得掉渣,两腮上永远有一团"高原红",特别朴实,而这恰恰是各方导演看中她的主要原因。

2000年,一部《少年包青天》让大家对她熟悉起来,电视上她的身影开始频繁地出现。虽然一年拍的电视剧加起来能有一百多集,但是她从没喊过累。

李冰冰觉得能做自己喜欢的职业是一件很不容易的事,她不会计较付出和回报能不能成正比。

很多演员认为电视剧的制作过于粗糙不利于磨炼自己的演技,不愿意接拍。但李冰冰却完全不这样认为,"制作粗糙难道你就要粗糙地演吗?所有事情的成败都决定于你对事情的态度"。

"能力是有限的,努力是无限的。"这是李冰冰写给自己的格言。

拍《少年张三丰》时正是春寒入骨的三月初,从三渡河里抽出来的河水打在身上像刀割一样,这场戏从早上拍到日落,李冰冰被淋了七个小时,到最后心跳都已经混乱了,可是工作人员问她还能不能坚持时,她还是咬着牙一直说:能坚持! 这次冰冷刺骨的水浇对李冰冰的身体造成极大的伤害,直到一年以后才逐渐恢复。可是旧伤未好,新伤又落。一次拍武戏,对方失手棒子打到李冰冰的额头上,血立刻就流了出来。

这些磨难没有吓退李冰冰,反而让她越战越勇! 她说:"工作给我带来的快乐和充实是其他任何东西都没法替代的,尤其是工作有收获的时候,一部戏拍得那么辛苦,终于播出的时候,唉呀,累是累了,还挺值得的。"

机会是留给有准备的人的。渐渐的,开始有一些知名导演注意到了这个拼命三郎般的年轻演员。

2004年冯小刚导演筹拍《天下无贼》,女贼小叶这个角色据传有莫文蔚、舒淇、章子怡等众多明星争相出演,而这几个女星又的确各有各的味道。可导演冯小刚最终选择了与女贼最不搭调的、以饰演侠女出道的李冰冰。影片上映后,有媒体这样评价李冰冰在片中的表现:"她的表演就像好莱坞大片《X战警》里的哈里·贝瑞一样飒爽和性感,她的全新尝试成了该片的一件秘密武器。"

《云水谣》里出色的表现更让她收获了第12届中国电影华表奖影后、第29届大众电影百花奖影后两项桂冠。

2009年《风声》里的表演于无声处听惊雷，这一角色令她轻松斩获第46届台湾电影金马奖影后，完成质的蜕变。

2008年4月《功夫之王》全球热映，迷离、妖冶的造型、对角色精准的把握让李冰冰在影片中格外抢眼，甚至有人说《功夫之王》唯一成全了李冰冰。

2011年凭《狄仁杰之通天帝国》获越南Dan Movie Award"最喜爱的中国女演员"奖。

好莱坞科幻大片《生化危机5》将于2012年9月全球上映，李冰冰将在片中饰演重要女主角艾达·王，届时我们将看到米拉·乔沃维奇与李冰冰持枪并肩作战。不知不觉间，李冰冰已经走出内地走向国际，俨然成为亚洲最抢眼的女演员。

从小学老师到影后，李冰冰的成功之路走得勤勤恳恳朴实无华，她和一夜爆红的走红方式无缘，是用无限的努力最大地发挥了能力，一步一个脚印迈向成功。

逐梦箴言

能力有限，努力无限。一路走来，李冰冰踏踏实实、勤勤恳恳，成为勤能补拙的典范，充分证明了郭沫若老先生的一句话——"天资的充分发挥和个人的勤学苦练是成正比例的。"

知识链接

上海戏剧学院

上海戏剧学院是中国大陆培养广播、戏剧、电影、电视、舞蹈专门人才的高等艺术院校，是国内重点与名牌艺术院校。上海戏剧学院的前身是上海市市立实验戏剧学校，1945年12月1日由著名教育家顾毓琇与著名戏剧家李健吾、顾仲彝、黄佐临等创立，熊佛西先生为首任院长。

我的未来不是梦

■ 从花瓶到影后

　　张曼玉祖籍上海，1964 年 9 月 20 日在香港出生。8 岁时随母亲移民英国，中学毕业后曾做过书店店员。1982 年夏天，张曼玉随母亲回香港探亲时无意中被星探发现，开始兼职做模特。第二年，18 岁的张曼玉参加了"香港小姐"选美大赛并获得了亚军及最上镜小姐称号。之后便进入影视圈发展。

　　挟着港姐亚军的头衔，张曼玉参与拍摄了很多剧集。1984 年到 1988 年间，张曼玉演出了近 30 部电影，最多时同时在 5 个剧组之间赶场子，尤其是 1988 年，她一年之内完成了 12 部电影的拍摄，人们戏称她为"张一打"。

　　那时候她所扮演的角色多为清纯靓丽的少女，根本不需要演技只需本色出演，但是因为她长相甜美、气质独特，还是有很多观众喜欢她，并送给她"糖果美人""花瓶皇后"的绰号。

　　张曼玉非常苦恼，她不愿只做一个没有生命的美丽符号。

　　1988 年 24 岁的张曼玉参与了王家卫的导演处女作《旺角卡门》的拍摄，王家卫独特的拍片风格令张曼玉对电影的认识完全改观，那是她第一次懂得什么是表演。正是从这部影片开始，她努力摆脱了以往留给观众的可爱、美丽但没有内涵的形象。

　　1989 年《人在纽约》里面的李凤娇，是张曼玉接演的第一个情感细腻的女性角色。在影片中，张曼玉以充满自信的快节奏，准确地演绎了那个从香港移民到纽约，沉迷追逐金钱和名利，逐渐迷失自我，同时也徘徊在同性

与异性恋之间的内心空虚的女子。这部影片让张曼玉夺得她平生的第一个影后——台湾金马奖最佳女主角奖。

曾有记者问张曼玉最满意自己的哪一部影片，张曼玉的回答是：《阮玲玉》。

1991年关锦鹏导演拍摄电影《阮玲玉》，大胆启用外形极具现代感的张曼玉来演绎柔弱敏感的30年代女星阮玲玉，影片中那低眉顾盼的风姿，柔弱冷静的气质，温润忧伤的神态，蒙受不白之冤时那绝望的回眸，愤怒的眼神……张曼玉成功地将阮玲玉再现于人们的眼前。这部影片不但为她赢得当年金马奖最佳女主角奖和金像奖最佳女主角奖，还为她斩获了柏林电影节最佳女演员银熊奖。

之后的张曼玉演技越发纯熟，选择剧本也更加注重自我在角色中的表现，谨慎、负责任的工作态度使得她佳作不断。

1996年的《甜蜜蜜》，这部陈可辛导演的文艺片为张曼玉迎来了她表演事业的另一个高峰，这部影片再次证明了她的演技实力。

2000年王家卫导演的《花样年华》是张曼玉的又一经典之作，张曼玉以成熟内敛的表演获得了台湾金马奖、香港金像奖等多个年度最佳女主角奖。

第57届戛纳电影节闭幕式于北京时间2004年5月23日凌晨（当地时间下午6点）在电影宫卢米埃尔大厅举行，张曼玉凭借在奥利维耶·阿萨亚斯执导的影片《清洁》中的表演首次戴上了戛纳影后的桂冠。是该票选单元中唯一获过此殊荣的华人女星，也同时成为了迄今唯一在世界三大国际电影节上荣膺过柏林及戛纳双料国际影后的华人影星。

张曼玉是极少数不是凭动作片进军国际影坛而站稳脚跟的中国影人，她对此有自己的看法："其实我之前也拍过很多动作片，但可能是我后来拍了很多文艺片让人忘记我之前的片子。华人影星凭借我们擅长而西方缺少的动作片进军好莱坞，是比较容易被大众接受和肯定的，靠拍打戏进军好莱坞并不是什么坏事。打戏大众都比较喜欢看，所以通过拍这种类型的影片，新的演员和导演容易被人认识。其实我入行的前十年也总是拍一些

我
的
未
来
不
是
梦

台前幕后的瑰丽人生

商业性的打戏，其中不乏一堆烂片，只是可能现在大家都已经淡忘了，文艺片其实对人的挑战更大，所以我在之后选择了挑战更高难度的文艺片，希望自己能有更好的作品。目前接戏的频率不高，是因为我认为我已经拍过很多戏了，现在就需要甄选我喜欢的，如果没有合适的，即使没有新片我也不会觉得遗憾，我是一个很敏感的人，喜欢观察别人的动作……有人问我取得成功的秘诀是什么，是不是因为有天分。其实我觉得很难说是'天分'，只能说是'努力'吧。"

著名影评人加里·波兰德这样评价张曼玉："她有着非常可喜的成就。我在香港已经生活20多年了，可以说从张曼玉开始演戏伊始，一步步看着她逐渐从一个糟糕的女演员慢慢成长为一位巨星级人物的，她的坚持不懈帮助自己取得了应有的成就。她对于参加好电影的制作总是投入更多的兴趣，因为这能给她非常多的发挥空间。对于这样的女演员来说，我只能用光彩照人的魅力女人来形容，我相信在很多其他人眼中，她是大家都想成为和模仿的对象。"

从花瓶到影后，当年的"糖果美人"已经在岁月的洗礼中成长起来，正如美国鬼才导演昆汀·塔伦蒂诺说的那样："张曼玉是当今世界最优秀的女演员之一。"

逐梦箴言

英国19世纪著名史学家托马斯·卡莱尔说："天才就是无止境刻苦勤奋的能力。"完成从花瓶到影后的蜕变的张曼玉告诉我们，无论选择什么样的人生道路，只要兢兢业业地攀登，不停地超越自我，就能实现自己人生价值的最大化。

知识链接

柏林电影节

柏林电影节(Berlin International Film Festival)原名西柏林国际电影节，与戛纳国际电影节、威尼斯国际电影节并称为世界三大国际电影节，最高奖项是"金熊奖"。20 世纪 50 年代初由阿尔弗莱德·鲍尔发起筹划，得到了当时的联邦德国政府和电影界的支持与帮助。第一届柏林电影节于 1951 年 6 月底至 7 月初在西柏林举行。之后每年一次，原在 6 ~ 7 月间举行，后为与戛纳国际电影节竞争，提前至 2 ~ 3 月间举行，为期两周。其目的在于加强世界各国电影工作者的交流，促进电影艺术水平的提高。

张曼玉

■ 目标永远是下一部电影

1987 年：中华人民共和国第六届运动会集体亚军；

1990 年：全国锦标赛单人第 3 名；

1991 年：第十届世界游泳锦标赛花样游泳集体第 6 名；

1992 年：世界杯花样游泳赛集体第 5 名、全国冠军赛集体冠军、双人亚军；

1993 年：中华人民共和国第七届运动会集体冠军；

……

曾经的这些运动奖项属于现在的女演员陶虹。

从 1983 年 7 月到 1994 年 2 月，陶虹是一名花样游泳运动员。

1983 年，陶虹 11 岁，她正式成为北京花样游泳队的一名运动员。原来是因为暑假没地方去，她才走进了游泳池。本来是想玩玩的，没想到，这一玩就玩成了专业的，一玩就是 11 年。1987 年，陶虹成为国家花样游泳队队员。

谁都知道当运动员苦，游泳运动员平均每天在水里呆六七个小时是很正常的事，有一天，陶虹在水里整整泡了 12 个小时。那时候，她在心里暗暗地恨教练，恨泳池。

跟陶虹一起进入花样游泳队的小伙伴儿一开始有 100 多人，随着训练的进行，一些女孩子纷纷消失了踪影。到了第二年，只剩下陶虹与另外一个女孩儿。等到第三个年头时，那个女孩子也不见了。

陶虹留了下来。她也感觉训练很苦很累，但她坚持住了。当她训练以后拖着疲惫的身躯从水中爬上岸的时候，她也动摇过。但是，当第二天训练开始的时候，她又回到了游泳池边……

唯一让她欣慰的是一次又一次取得了令人艳羡的好成绩。

如果不是导演姜文去游泳队为电影《阳光灿烂的日子》的女一号米兰找演员，碰到了正在泳池边的陶虹，被她邻家女孩的气质所吸引并决定由她来饰演《阳光灿烂的日子》里面的女二号于北蓓，那么现在的陶虹很有可能是一名花样游泳队的教练。

一部《阳光灿烂的日子》让初登银幕的陶虹火了。人们对她在这部戏里"无表演的表演"交口称赞，说她演得"相当好"。

陶虹自己却认为"火"得莫名其妙。用她自己的话说："那时我根本就不懂什么演技，连镜头在什么地方都闹不明白。"

在演完《阳光灿烂的日子》之后，陶虹面前有三条路：一是退役，二是留队任教，三是参加高考。尽管已经23岁了，但她不想父母为她没有机会成为一名大学生而遗憾，于是她选择了退役，开始加入一个高考补习班。

曾经"触电"的经历让她把目光盯在了高考文化成绩相对低一些的艺术院校。

1994年，中央戏剧学院的表演班迎来了已经小有名气的女生——陶虹。

平心而论，在班上的这些同学中，陶虹并不是最优秀的，但她绝对是最努力的一个。

这个在竞技体育项目中取得过个人项目全国第三、集体项目全国第一的赫赫战绩的女孩子，在学业上也是不甘落后。骨子里的争强好胜使陶虹在专业课上的进步速度让人吃惊。表演课上，她的表演赢得了同学的掌声和老师的夸奖……渐渐的，陶虹有了成就感，也有了自信。她真正地喜欢上了表演，爱上了演戏这一行。

陶虹就像一个站在起跑线上的运动健将，蓄积着全身心的力量，时刻准备着起跑。

1997年,电影《黑眼睛》的导演陈国星找到陶虹,邀请她出演影片的女主角——残疾运动员丁力华。《黑眼睛》中,勇夺中国第一枚残疾人奥运会金牌、更赢得四位男性爱情的盲女丁力华这个角色一下子吸引了陶虹。她感觉到这次演出对她来说,将是一次全新的挑战和机遇。

如果说上一次参演姜文导演的影片《阳光灿烂的日子》的时候,陶虹还是一个懵懂的不谙表演真谛的女孩儿的话,那么出演《黑眼睛》中的残疾运动员丁力华的时候,陶虹已经是一个有着旺盛的创作激情和娴熟的表演技巧的女演员了。

一个健全人去演一个残疾人,挑战的难度可想而知!

陶虹拿出了当年当运动员时候的吃苦、拼搏的精神,全身心地投入到角色的创作中去。

她找到了《我的左脚》《闻香识女人》等影片反复观摩。《我的左脚》里面饰演先天大脑瘫痪导致痉挛症病人的丹尼尔·戴·刘易斯、《闻香识女人》里面饰演双目失明的退伍军人的阿尔·帕西诺,都因成功地扮演残疾人而获得过奥斯卡奖。此时此刻,他们成了陶虹的老师。

功夫不负有心人。

凭借着电影《黑眼睛》中丁力华这一角色,陶虹获第10届叙利亚大马士革国际电影节最佳女主角奖、中华人民共和国1998年度华表奖最佳女演员、第18届金鸡奖最佳女主角奖、法国第二届多维尔亚洲电影节最佳女主角奖。

陶虹成功了。

当年在游泳池里,陶虹没有当逃兵。

如今,在演艺圈里,陶虹更是把自己历练成了一名优秀的演员。

运动员的目标永远在前方,演员的目标永远是下一部电影。

陶虹,加油吧。你值得观众为你而期待!

逐梦箴言

　　有目标才有方向。当陶虹是一名运动员的时候，冠军是她的目标；当她是一名演员的时候，塑造好每一个属于她的角色成为了她的目标。成功对她来说就像路上的风景一样：只要不畏劳苦地前行，终究不会错过万千的风景。

知识链接

中国电影金鸡奖

　　中国电影金鸡奖简称"金鸡奖"，由中国电影家协会和中国文联主办，以奖励优秀影片和表彰成绩卓著的电影工作者为目的，以学术、争鸣、民主为评奖宗旨。创办于 1981 年。奖杯以金鸡啼晓的形象象征百家争鸣并激励电影工作者闻鸡起舞，故名金鸡奖。金鸡奖每年评选一次，评奖委员会由国内最具权威的导演艺术家、表演艺术家、电影剧作家、摄影家、音乐家、美术家，以及电影理论家、教育家、事业家共同组成，因此又被称为"专家奖"。

　　中国电影金鸡奖与大众电影百花奖、中国电影华表奖一起并称中国电影的三大奖。1992 年，应广大电影工作者的热切要求，代表专家意见的"金鸡奖"和代表观众意见的"百花奖"合二为一，简称中国金鸡百花电影节，年年举办。自 2005 年起，金鸡奖与百花奖隔年评选一次。

中国电影华表奖

　　中国电影华表奖是中国电影界的最高荣誉政府奖，创办于 1992 年，由国家广播电影电视总局主办。中国电影华表奖与中国电影金鸡奖、大众电影百花奖一起并称中国电影的三大奖。这三个奖是分别代表我国最高政府鼓励、最高艺术水准、最高观众认可的三大电影奖项。华表奖奖杯采用的是北京天安门城楼前的华表造型，每年由国家广播电影电视总局对前一年度完成的各华语影片进行评选。2005 年后经文化部正式改革后，两年举办一次。

● 智慧心语 ●

I take my best , I've no regrets ！（我已尽力，决不后悔！）

——周润发

在我的心目中，每一个人都得对工作负上一份责任。正如我，我幸运地可以选择到自己最爱的工作，我为什么要对它不尊敬？我为什么要迟到早退？我巴不得提早一点上班呢！工作当中，我得到那么多的满足感！

——刘德华

有人问我取得成功的秘诀是什么，是不是因为有天分。其实我觉得很难说是"天分"，只能说是"努力"吧。

——张曼玉

娱乐圈就像是一个舞台，我不是那种喜欢在最中间的灯光下跳舞的那种人，我喜欢坐在角落里默默观察。我并不指望每个人都了解我———了解我有什么意义呢，作品才是最重要的。

——陶 虹

我好想做戏，做到老，去做不同的角色。电影是最大的梦，我喜欢做梦。

——张国荣

第四章

抓住机遇，突破自我

巩 俐

◇导读◇

　　17世纪法国著名思想家、数学家笛卡儿说过：机遇总是垂青那些有准备的人。在我们的一生中，机遇每个人都会碰到，但许多人并不知道他们曾经碰到过它。弱者坐失良机，强者制造时机。不要总是感叹机遇从不眷顾你，因为只要你努力做到了极致，机遇随时可能到来。

■ 我不能永远做一只花瓶

对于一个女人来说，天生美貌究竟是好事还是坏事？大多数人的答案都会是前者，然而，查理兹·赛隆却并不这么认为。

塞隆1975年出生于南非，天生丽质的她6岁练习芭蕾舞，14岁即成为时装模特。15岁时，塞隆随母亲来到美国好莱坞，一边参加模特的商业活动，一边兼顾自己的学业。18岁时，塞隆已经出落成一名婷婷玉立的美少女。一个偶然的机会，塞隆遇到了一个演艺经纪人，这名经纪人见塞隆有着魔鬼的身材和天使的面庞，随即游说她加入自己的经纪公司，就这样，塞隆稀里糊涂地迈入了演艺圈。

1995年，塞隆出演了电影处女作《芝加哥打鬼3》，虽然在片中仅是个小角色，但她惊人的美貌却引起多方的注意。在接下来的几年时间里，塞隆先后出演了《山谷两日》《挡不住的奇迹》《魔鬼代言人》以及《巨猩乔扬》等一系列电影，只是在这些影片中，她都毫无例外地饰演一名性感花瓶或是蛇蝎美人。

美貌给了赛隆崭露头角的机会，但也在一定程度上限制了她的发展。虽然有好几次赛隆都想尝试转型，但导演们似乎更热衷于把花瓶的角色塞给她。因此在很长一段时间内，赛隆在好莱坞只能处于一个半红不紫的尴尬地位。渐渐地，赛隆也意识到了自己的危机，她开始思索如何突破自我，让自己的演艺事业进入到一个新的阶段。

然而，命运却阴差阳错地跟她开了几个残酷的玩笑。因《芝加哥》导演的变更，使得原本已属于赛隆的维尔玛一角被新导演换成了凯瑟琳·泽塔

—琼斯,结果凯瑟琳凭此角获得了奥斯卡最佳女配角的殊荣;不久,赛隆独具慧眼相中了《情归阿拉巴马》的剧本,并将它推荐给了迪斯尼公司,结果她却眼睁睁地看着女主角的头衔落到了另一个金发美女——瑞茜·威瑟斯朋的头上,威瑟斯朋在演完这个角色后,片酬狂飙到了1500万美元。而此时的赛隆,却还在好莱坞二线演员的位置上挣扎沉浮。

真正属于赛隆的机会,在她入行8年之后的2003年来临。那一年,导演派蒂·杰金斯决定将一个公路连环女杀手艾伦的故事搬上银幕,但苦于找不到投资和影片主演,塞隆获悉后,就请派蒂给自己寄来剧本,仔细研读之后,当即决定全力协助派蒂完成《女魔头》这部电影。她不仅帮助派蒂找来了充足的资金,还自告奋勇请求担任该片的主演。

派蒂对赛隆的决定感到非常惊讶,她用质疑的口吻对赛隆说:"艾伦是一个其貌不扬的妓女,而且身材肥胖,不修边幅,性格古怪,与你以往的银幕形象可是相去甚远,你真的确定要自毁形象吗?"赛隆坚定地点点头,微笑着说:"我不能永远只做一个花瓶。"她诚恳地向导演表达了自己渴望寻求突破的决心,最终,导演同意了她的请求。

为了演好公路妓女,在外形上更加贴近角色,塞隆不惜破坏自己的娇容,她每天暴饮暴食,成功增肥将近40斤,从一个骨感美女变成了一个大胖子。而且,她还剃掉眉毛,粘上文身、雀斑,甚至做手术弄歪了自己的牙齿,长时间不梳头发,让头发变得脏乱油腻……当她第一次以戏中扮相出现在人们面前时,几乎没有人认出这是那个曾经美若天仙的塞隆。

除了毁掉自己的容貌,赛隆更是让自己完全沉浸于女魔头的心灵、姿态和行为,并最终将之活灵活现地展现于镜头面前。事实证明,所有这些付出对赛隆来说都是值得的。影片推出后,赛隆以反差惊人的外形和精湛感人的演技博得影评界和演艺界同行们的一致好评。《纽约时报》评论道:"塞隆不但改变自己的外貌,这个角色所固有的令人恐怖的怪癖、强烈的欲望和说话时压抑着怒气的习性都与塞隆本人有着天壤之别。"《国际电影周刊》对她的评论是:"……摆脱了她最后的一抹迷人的印象,赛隆看上去就像是沃诺斯的翻版。她以学院级的演技演活了这个美国上世纪90年代'最伤心的女人'。"

2004 年的奥斯卡颁奖典礼上,塞隆因在《女魔头》中的完美演出,当之无愧地获得了"最佳女主角"的桂冠——这也是她首次凭借演技获得业内肯定。

此后,塞隆又以素面朝天的造型出演了《决战以拉谷》等影片,均大获成功。2008 年,塞隆和天王威尔·史密斯再度合作,出演了好莱坞大片《全民超人》,此时的她已经是全球知名的超级巨星,她出色的演技更让人们几乎忘记了她头上曾经一度带着"花瓶"的帽子。

在最近的一个访谈中,查理兹·塞隆表示:"最初几年所做的,并不是我想要的。如果你本人并不介意,你就会被定型。但我知道,如果我想获得更大的发展,那我就不能满足于永远只做一个花瓶。"

的确,一个人不可能仅凭外表混一辈子饭吃,要想取得真正的成功,就必须依靠后天的不懈努力和内在品质的不断提升。花瓶虽美,但却是脆弱易碎的,只有把自己锻造成一朵常开不败的花,生命才会散发出恒久迷人的芬芳!

逐梦箴言

从"超级花瓶"到奥斯卡影后,查理兹·赛隆用了近十年的时间完成了一个华美的蜕变!为了打破留在观众心目中的"蛇蝎美人"形象,赛隆主动寻找机遇并勇敢地突破自我,实现了事业上的华丽转身。

知识链接

迪斯尼公司

华特迪斯尼公司(在 1995 年之前,中国大陆曾译作沃尔特·迪斯尼,台湾曾译作华特·狄斯奈、华德·狄斯奈或华德·迪斯奈,香港曾译作和路·迪士尼),简称迪斯尼。迪斯尼公司 1923 年由华特·迪斯尼与兄长洛伊·迪斯尼创立,是世界上第二大传媒娱乐企业。主要产业是广播、动画、电影和娱乐活动。

我的未来不是梦

■ 无人能企及的高度

　　1949 年，梅丽尔·斯特里普出生于美国新泽西州一个叫萨米特的小镇，父亲是一个制药公司的主管，喜欢弹钢琴；母亲是一名艺术家，喜欢演唱。儿童时代的梅丽尔·斯特里普就处处显露出一种极为强烈的表现欲望，她好出风头，喜欢在孩子们中间发号施令。12 岁时，她正式开始学习演唱，并希望成为一名歌剧演唱家。她在瓦萨中学学习音乐的时候，对戏剧产生了强烈的爱好，她参加了戏剧小组，学校的演出使她发现了自己在表演上的天赋。中学毕业后，梅丽尔·斯特里普曾经在耶鲁大学学习戏剧表演。在学校学习期间，她一边学习一边积极参加各种演出，尝试各种角色。这为她以后拓宽自己的戏路打下了非常好的基础。

　　梅丽尔的演艺事业发展非常顺利，1977 年出演的第一部影片《朱莉娅》就让她名声大噪。随后，好运接踵而至，由于斯特里普在影片《猎鹿人》中的精彩表演，她获得了生平第一次奥斯卡奖提名。20 世纪 70 年代末到 80 年代是梅丽尔·斯特里普事业上的黄金时期，人们都不会忘记她在《克莱默夫妇》中扮演的与丈夫离婚的妻子，以及她在《苏菲的选择》中饰演的在纳粹集中营里受苦的波兰母亲，正是这两个特别的女性角色为梅丽尔赢得了两尊奥斯卡小金人（凭《克莱默夫妇》获得最佳女配角，凭《苏菲的选择》获最佳女主角）。获奖以后的梅丽尔·斯特里普没有为自己所取得的成绩沾沾自喜，她紧接着拍摄的《丝克伍事件》、《走出非洲》和《紫苑草》等影片更奠定了她在世界影坛的地位。

　　到了 90 年代时，她完美的演技却受到了许多评论家的抨击。他们指责她总是演一些"冷冰冰"的角色，通常还带有口音。因此斯特里普就开始拓宽自己的选角范围，出演了《狂野之河》、《廊桥遗梦》和《弦动我心》等影片，这些影片向观众证明了她扎实的演技依然是无人能及的。

　　2012 年，她因在《铁娘子》一片中的精湛演出而获得第 84 届奥斯卡最佳女主角。从影 40 载拍摄了 46 部电影，梅丽尔·斯特里普 17 次获得奥斯卡奖提名（其中 14 次最佳女主角提名，3 次最佳女配角提名），成为奥斯卡史上入围最多次的演员（比另一位美国著名女演员凯瑟琳·赫本还要多 5 次），并三度获得奥斯卡奖：52 届最佳女配角奖和 55 届、84 届最佳女主角奖。另外，梅丽尔·斯特里普还是获得美国金球奖提名次数最多的演员，一共获得提名 26 次。梅丽尔·斯特里普的从影态度非常严谨，脚踏实地不喜浮夸。在 2004 年艾美奖颁奖典礼上，她凭借 6 小时长的《天使在美国》一片荣获连续短剧/电视电影最佳女主角奖，致词如此开场："有的时候我觉得大家对我评价过高！"很多人认为梅丽尔·斯特里普是一个天才型的演员，所以她才会轻易地塑造一系列的银幕经典形象。其实不然，多年来梅里尔在表演上一直严格要求自己，力图做到精益求精。

　　1987 年，梅丽尔·斯特里普与好莱坞著名男演员杰克·尼克尔森联手参加了《紫苑草》的拍摄。在这部两个多小时的影片中，梅里尔出场时间不到一半，而且影片开始 30 分后才出现她的第一场戏，后面一小时基本没出现。说实话，在《紫苑草》里真正的主角是杰克·尼克尔森，梅丽尔·斯特里普只是个配角，但她用其精准的表演，在有限的时间里发挥出了无限的能力，不管演对手戏的是谁，她都能轻易把目光抢走。影片的结尾是一场梅里尔扮演的落魄的女歌手死后，丈夫抱着她的尸体忏悔的戏。开拍前，梅丽尔·斯特里普为了寻找尸体的感觉，独自一人在冰袋里躺了一个钟头。拍摄期间，梅丽尔·斯特里普不能使用任何肢体表演，只能躺在那里，但身上却散发着冰冷、僵硬，以至于剧组的工作人员认为她在冰袋里待的时间过长，被冻得昏死过去了。

　　2011 年，梅丽尔·斯特里普参加了《铁娘子》的拍摄。为演好这一角色，同撒切尔夫人一样勤奋的梅丽尔·斯特里普做了大量功课。她一到伦敦就

把自己完全封闭起来,让工作人员把食物放在房间门口,"一天24小时,除了很短的睡眠,我做了大量的阅读和分析。我有意体验她是怎么工作的,一样的时间强度、一样的热忱。她做首相的11年也是封闭的生活,我可坚持不了11年。"为了做到神形兼备,梅丽尔·斯特里普甚至模仿撒切尔夫人拿手提包的方式、训斥内阁成员的态度。

2012年,梅丽尔·斯特里普凭借《铁娘子》获得84届奥斯卡最佳女主角,当从上届影帝科林·费斯手中拿到最佳女主角奖时,她说:"……谢谢我的朋友,新朋友和老朋友。这是个殊荣。生命中最重要的是亲情、友情,感谢你们让我拥有我喜欢的演艺事业。"

逐梦箴言

梅丽尔·斯特里普扮演过的每一个角色都给人们带来了惊喜,因为她没有成见,没有固执,没有唯我独尊。艺术是没有止境的,只有懂得隐忍的人,才能走得更高更远,才能到达艺术的最高境界。

知识链接

艾美奖

艾美奖共分为两大奖项,即美国艾美奖和国际艾美奖,国际艾美奖的参赛作品全部来自美国以外的国家。美国艾美奖是美国电视界的最高奖项,和电影界的奥斯卡奖一样包含普通奖项和技术奖项。"艾美奖"是由两个奖构成的,通常说的"艾美奖"是指黄金时段节目艾美奖,由总部位于洛杉矶的电视艺术与科学学院(ATAS)颁发。此外还有一个日间节目艾美奖,由总部位于纽约的国家电视艺术与科学学院(NATAS)颁发。国家电视艺术与科学学院于1946年成立,并在1949年首次颁发艾美奖。艾美奖的地位如同奥斯卡奖于电影界和格莱美奖于音乐界一样重要。

用演技征服好莱坞

1987年，这部以歌颂人性、赞美生命为主题的电影《红高粱》一经公映，便赢得一片赞誉，在国内外获奖无数。1988年，在柏林电影节上，张艺谋凭借此部导演处女作为中国人捧回了第一个金熊奖！巩俐也因在此片中的精彩表演被世界影坛所瞩目，那一年她22岁，还是中央戏剧学院表演系二年级的学生！

1983年，巩俐迎来了人生中第一次高考，由于从小受母亲的影响，爱唱歌的巩俐报考了声乐专业，但考试成绩令人失望。时隔一年，在第二次高考时，巩俐再次报考声乐专业，但还是名落孙山。两次高考失利，并没有让巩俐气馁，她始终牢记着爸爸在一年前迎考时对她的鼓励：路是人走出来的！

就在巩俐第三次备战高考时，一个朋友告诉巩俐：报考艺术院校，光靠自己琢磨不行，还需要请专业老师辅导。一句话点醒了巩俐，胆大的她，竟冒冒失失地跑到济南军区前卫歌舞团找辅导老师。就是这次冒失的行动，让巩俐遇见了自己演艺生涯中第一个恩师——著名导演尹大为。在尹大为的指导下，巩俐克服了羞涩感；学会了坦然面对观众；改掉"山东普通话"，学习标准普通话。

1985年，巩俐迎来了第三次高考。出于稳妥的考虑，报考时巩俐的第一志愿只填写了当地的一所艺术院校。尹大为知道后极为生气："我的学生就这点水平？你要考就要考'中戏'！"就在那年中央戏剧学院的专业课

考试中，巩俐充满激情和活力的表演征服了考官。尽管在文化课的考试中没有取得好成绩，但这已经不能阻挡巩俐进入"中戏"就读了，因为巩俐的伯乐很多。招生组把巩俐的情况报到了文化部艺术教育司，要求特批，结果，巩俐如愿以偿，破格被录取进入中央戏剧学院。

四年的系统学习使得巩俐的表演更加纯熟、大气。1990 年至 1995 年，巩俐与张艺谋合作拍摄了《菊豆》、《大红灯笼高高挂》、《秋菊打官司》等 5 部电影。在《秋菊打官司》中，巩俐扮演了一个为被打丈夫讨说法的陕西农村孕妇。为了演好这个角色，在电影开拍前，巩俐到农村去体验生活，每天巩俐都绑着一个"小肚子"，装扮成孕妇的样子与村民们聊天，观察他们的一举一动。村里的大娘们以为她真是一个孕妇，还热心地叮嘱她怀孕期间应注意的一些事项。巩俐的努力没有白费，片中她赋予角色的生活实感深深打动了观众，秋菊不仅使巩俐荣膺"金鸡"、"百花"双料影后，而且还为她带来了第 49 届威尼斯国际电影节最佳女演员奖，这也是大陆女演员首次荣获国际大奖。

1994 年，巩俐在电影《活着》中扮演女主角家珍。她将这个与丈夫风雨同舟、相濡以沫的中国妇女演绎得真实感人。剧中有一场儿子意外死去后，家珍在儿子的坟前痛哭的戏，拍摄时，巩俐的表演感动了现场的每一个人。这场戏拍完后，巩俐甚至不能看回放，她只能闭着眼睛，戴着耳机听这场戏的回放，即便如此，巩俐仍然不能自控，眼泪还是不停地流。可见当时她是以何等忘我的状态完成这场戏的表演！

由巩俐主演的《红高粱》《霸王别姬》《秋菊打官司》三部电影曾分别荣获柏林国际电影节"金熊奖"、戛纳国际电影节"金棕榈奖"、威尼斯国际电影节"金狮奖"。一位女演员主演的电影能够囊括世界三大电影节的最高奖，这在世界电影史上实属罕见；在华语电影界内还没有第二人能做到这一点。

1997 年，巩俐受邀在好莱坞著名华裔导演王颖执导的影片《中国盒子》中饰演了一个角色，这是她打入好莱坞的第一部作品。但随后好莱坞的片商送来的无一例外全部都是"花瓶"角色。为了等待一个"独一无二"的角

色，巩俐休息了两年，直到 2005 年《艺伎回忆录》的剧本摆在她面前。巩俐意识到，在越来越国际化的美国电影产业链之中，她将成为连接东西方文化的一环。她毅然捧起英文书，请了两位家教恶补英语，并按照发音，硬是将台词全部背了出来。巩俐将剧中初桃小姐得意时的高傲、迟暮时的无奈、对新生代的怨恨表现得淋漓尽致。影片上映后，巩俐的表演受到一致好评，有媒体评论道："随着巩俐扮演的角色退场，影片也黯然失色了！"随后，巩俐又参加了《迈阿密风云》《少年汉尼拔》等商业大片的拍摄。至此，巩俐用高超的演技彻底征服了好莱坞。

2008 年，巩俐再次与张艺谋合作拍摄了《满城尽带黄金甲》，而这距两人上一次合作已相隔 13 年之久。巩俐在片中的表演非常到位，并凭借此片获得了 2009 年香港金像奖最佳女主角奖。评委曾志伟表示："当年看张曼玉的《甜蜜蜜》时，觉得那已经是最好的表演了。没想到，看巩俐的《满城尽带黄金甲》，发现原来戏还可以这样演！"

如今的巩俐早已是蜚声影坛的国际巨星了，相信她的身影会越来越多地出现在更多的影片中，我们也期待她为我们呈现出更多的银幕形象！

逐梦箴言

幸运不会无缘无故地降临在没有准备的人身上。在巩俐身上，我们看到她对电影事业的满腔激情，骄傲自信但绝不虚浮，个性张扬却脚踏实地……为人如此，"幸运"怎能不降临到她的头上？

我的未来不是梦

069

台
前
幕
后
的
瑰
丽
人
生

知识链接

金熊奖

"金熊奖"是柏林国际电影节最高大奖。"金熊奖"的标志物是一只抬起手臂向人们致意的柏林熊。金熊像雏形是女雕像家雷尼·辛特尼斯于1932年设计而成的,自1951年开始为获奖者颁发的金、银熊像,正是在她的原创基础上制作而成并一直沿用到1959年。从1961年开始,原先柏林熊抬起致意的右臂变为左臂,和其他各处那些欢迎来到柏林的大熊塑像一致起来。电影节的熊像原铸制模型由在弗雷德诺的诺阿克铸制厂所拥有。他们曾与辛特尼斯有过密切的合作,至今仍在为电影节提供熊像。

金棕榈奖

"金棕榈奖"是戛纳电影节至高无上的大奖,前身为"金鸭奖"。"金棕榈奖"相当于奥斯卡方面的"最佳影片",因其奖杯为金制棕榈枝,故称"金棕榈"——这是由于戛纳这座法国南部的滨海城市,在金银两色的沙滩上到处种植着高大挺拔的棕榈树。从1946年第一届戛纳国际电影节开始设置。

金狮奖

"金狮奖"是威尼斯电影节的最高奖项,从1949年开始颁发,被认为是电影界最高荣誉之一。1970年增设荣誉"金狮奖",表扬对于电影有重要贡献的工作者。1947年与1948年颁发的威尼斯国际大奖与金狮奖地位相同,都是威尼斯电影节的最高荣誉。1936年至1942年之间,威尼斯电影节的最高荣誉则是颁给最佳意大利片与最佳外语片的墨索里尼奖。

■ 用智慧一次次超越自我

　　武侠小说名作家金庸说："她的美，是无人可匹敌。"著名武侠片导演徐克说："50年才能出这样一位大美人。"作家亦舒说："一个女孩子，美成这样子，而她自己却完全不自知。"这个美丽的女人究竟是谁呢？她就是港台电影界唯一能横跨文艺、武侠两种不同电影风格且走红时间最长的女明星林青霞。

　　林青霞1954年的11月3日出生于台北的三重市，高中毕业后，偶然在台北的西门町逛街被星探发掘，开始了她灿烂的电影明星生涯。

　　1973年林青霞主演了她的第一部处女作电影《窗外》，这部电影是由琼瑶小说改编的，却因为版权问题而无法在台湾上映，但其经典的形象还是很快征服了香港以及东南亚地区，一夜成名。而让台湾观众第一次认识她的却是1974年拍摄的电影《云飘飘》。

　　1975年，林青霞在台湾拍摄的《八百壮士》中，饰演泅水渡江向驻守军人们赠旗的童子军，因其出色的演绎而广受好评，因此获得了第22届亚太影展最佳女主角奖，一跃成为台湾首席文艺女星。

　　从1976年开始林青霞成为了琼瑶电影中的御用女主角，接连主演了《我是一片云》《月朦胧、鸟朦胧》等十几部根据琼瑶小说改编的影片，最忙的时候，林青霞同时应付6部戏，两周没在床上睡过觉，有一次在片场靠着墙就睡着了。凭着能够吃苦、轻易不认输的劲头，兼具清纯美丽的外貌，她化身成为琼瑶笔下女主角，成为当时影坛红极一时的玉女派掌门人，被誉

为东南亚第一美女。

值得一提的是，在 1977 年李翰祥执导的《金玉良缘红楼梦》中，林青霞应导演要求，第一次反串男角，一改平日的清纯少女形象，成功塑造了一个风流潇洒、具有叛逆性格的贾宝玉，成为众多作品中的一个亮点。

拍摄了多部琼瑶片以后，林青霞决定改变一贯的青春玉女路线，提升自己的表演空间，于 1980 年赴美国进修。并在 1981 年复出参演了由谭家明执导赴美国拍摄的影片《爱杀》首次转型。同年又回到台湾，参演了多部喜剧商业片。当她返台后发觉文艺片逐渐没落，虽然她在其他类型的影片中表现亮眼，并以《碧血黄花》《慧眼识英雄》入围金马奖，但仍阻止不了她想去香港发展电影事业的决心。

1983 年林青霞主演了包括徐克执导的《新蜀山剑侠传》在内的几部影片之后，把演艺事业的中心转移到了香港影坛，接连主演了《警察故事》《今夜星光灿烂》等一系列影片。开始她演艺生涯中的第二个转型期，这段时期她饰演了许多不同风格的角色，有英姿飒爽的革命人物，有黑社会的女秘书，有高贵典雅的贵妇人等等，充分地展现了她多样化的日益精湛的演技。

在 1990 年，她主演了严浩执导的女作家三毛编剧的《滚滚红尘》，饰演在动荡年代中颠沛流离的女作家沈韶华，因其精湛演绎获得了第 27 届金马奖最佳女主角奖。这是她一直盼望期待的一个奖项，也是她演艺道路上一个重要的里程碑。

在影坛取得一系列耀眼成绩的林青霞并没有停下她的脚步，37 岁的她从 1991 年开始又为我们带来了一串新的惊喜，有《新龙门客栈》《东方不败之风云再起》《白发魔女》《东邪西毒》等等。尤其是与徐克再次合作出演了华语武侠片《笑傲江湖之东方不败》，使林青霞成为香港最红的武侠片女明星。在此片中她一改常态反串男角，一个美艳、英俊潇洒的东方不败在她刚柔并济的演绎下款款地走进观众的视野，也走进观众的心中。许多人并不知道她为了演好这个角色付出了超出常人所能想象的努力与艰辛。在表现东方不败要从海面升起的那一场戏，林青霞要站在升降机上浮出水面，

可是还没到水面，假发就给升降机夹住了，吓得她猛往上蹿，生怕上不来给淹死，可是这样的危险并没有令她退却，终于为我们带来了电影史上最美、最迷人的东方不败。

1994 年林青霞告别了影坛，开始了平淡的居家生活，从清纯美丽的女孩到刀锋剑雨的侠士，再到找到真的自己，做回自己，每一次她都能轻轻地一转身带来一个不同的自我。她从影 21 年共出演了 100 多部影片，表演自然细腻，再加上她独一无二的美，让人过目不忘。

周星驰说过这样一句话："当青霞穿起女装时，在我眼中就是最美丽的女人，当青霞穿起男装时，就是最靓的男人。"如果说美丽的外表带给了她宝贵的机遇，但是抓住机遇并把自己的美丽恰当地展现在观众的眼中和心中，并一次次超越自我，则是她无与伦比的智慧。

逐梦箴言

成功，有时候就差那么关键的一步，而这一步要靠智慧来支撑。林青霞"无可匹敌"的美貌，给她带来了宝贵的机遇。她凭借着超常的智慧，一次次抓住这些机遇，把自己的美丽恰如其分地展现在观众的眼中和心中，实现自我超越，打造出"美貌+智慧=成功"这一经典模式。

知识链接

星探

星探，就是受雇于娱乐、电影、唱片公司等专业机构，挖掘民间具有明星潜质的演艺人才的专门人士。星探的工作简单概括，就是在大街上、闹市商业区等人流量大的地方，根据广

台前幕后的瑰丽人生

知识链接

告客户的要求寻找适合的"新秀",这些新秀分为平面模特、商用促销模特、T台模特、演员、特型模特(手模、颈模、脚模等),经过一定的包装、训练,并把这些具有潜质的普通人送上舞台,假以时日成为明星,为公司赚钱。著名电影明星林青霞就是偶然在台北的西门町逛街时被星探发掘,开始了她灿烂的电影明星生涯。如今港台很多的当红明星如梁咏琪、林心如、阮经天、吴尊、李嘉欣、高圆圆等也都是在逛街时被星探发现,从而走上了演艺星光之路的。

林青霞

■ 18 岁学会了说"不"

1966 年 11 月 17 日,苏菲·玛索出生于法国巴黎的市郊,父亲是一位卡车司机,家里开着小杂货店,母亲是店员。

1980 年,14 岁的苏菲·玛索想在课余时间找一份零工,无意中从朋友那里听说有位导演在找一张新面孔,于是到巴黎参加甄选,最终从 700 名少女中脱颖而出,得到了一份工作——参加影片《初吻》的拍摄。虽然之前,苏菲对摄影棚与电影全无概念,但她天生的美貌,还有近乎天生的演技,注定了她天生就是电影需要的女人! 而这部影片也为苏菲创造了一个崭新的未来!

就这样,14 岁的苏菲·玛索变成了《初吻》中清新动人的小主人公薇可。时至今日,许多观众还对薇可在铁栅栏前青涩朦胧的初吻、压抑的青春期里带着些许渴望的眼神的画面记忆犹新。

1982 年,16 岁的苏菲·玛索继续在电影《初吻 2》中扮演薇可。续集的风格虽不如第一部风趣,但仍受到观众的追捧。1982 年度的凯撒电影节,竞争十分激烈。苏菲·玛索虽然凭《初吻 2》获得"最具希望青年女演员奖"提名,但最初并未被评审看好。当时很多人觉得她会落选,因为在这部戏里,人们只看到了一个单纯的少女,没有半点表演的浓墨重彩。但一个评审在相对安静的时间里,又看了一次《初吻 2》,他惊讶地发现,苏菲·玛索的表演是那么纯熟,不像其他演员那样"为了表演而表演",就像一枚刚剥开的金橘,香甜的气息在不知不觉中慢慢地弥散开来。

这名评委的意见感染了其他人,大家都发现苏菲·玛索是个天生的好演员,她不动声色地展现了大牌演员的气质。就这样,苏菲·玛索获得了

那一届凯撒奖的"最具希望青年女演员奖"。这个奖为苏菲·玛索带来了自信。

随即,苏菲·玛索加盟了法国著名的高蒙电影公司,年薪100万法郎。并先后参演了《女大学生》《萨卡纳要塞》等影片的拍摄,但扮演的都是天真无邪、甜美多情的小姑娘。

提起这些20多年前扮演过的角色,苏菲·玛索并不满意,苏菲曾在一次采访中回忆道:"那些制片人有钱、有权、有势,在我16岁时,他们是绝对强势的人。他们让我用3天时间拍一部他们想要的电影,我不得不按照他们说的去做,这不公平!现在我已经过了40岁,我会毫不客气地说'不'。"

其实,早在18岁时苏菲·玛索就学会了说"不"。那时,她四处借钱,筹集100万法郎赎回与高蒙电影公司的合约,甚至闹上了法庭。导致冲突的原因很简单,她爱上了44岁的波兰籍导演安德烈·祖劳斯基。但公司认为和擅长拍摄性心理的导演合作,会有损苏菲·玛索玉女形象,试图阻止她出演新片《狂野的爱》。

在安德烈的《狂野的爱》中,她身穿比基尼,湿着头发,衣服滴着水,躺在沙滩上,手放在腋下,微张着嘴。这部电影彻底终结了苏菲·玛索的玉女形象,她变身为法国人心中的性感女神。

从1986年开始,苏菲·玛索与安德烈·祖劳斯基合作的5部电影均以失败告终,事业发展不顺直接影响了两人的感情,安德烈·祖劳斯基甚至公开抱怨:"与大明星在一起生活实在太累!"对于苏菲·玛索来讲情况更糟,为了一段长达18年的爱情长跑,她付出了一生中最灿烂的时光!为了和家人待在一起,她几乎放弃了自己演艺事业,只出演了为数不多的几部电影。

随着年龄的增长和在多部影片中的历练,苏菲·玛索的演技日臻成熟。上世纪90年代,苏菲·玛索开始将演艺触角扩展到美国,先后在梅尔·吉布森自导自演的电影《勇敢的心》里饰演一位法国公主,在《安娜·卡列尼娜》中饰演女主人公,在风靡全球的007系列《黑日危机》中饰演蛇蝎美女。除了演戏之外,苏菲·玛索也尝试多方位发展,她所执导的短片《L'Aube a l'Envers》曾经获选参加1995年坎城影展,1996年她在法国出版了半自传体小说《说谎的女人》。

　　苏菲·玛索曾在一部根据"二战"时期真实历史事件拍摄的电影《超级女特工》中扮演过一个刚毅、坚强的女英雄。而在现实生活中，苏菲·玛索也曾为了保护孩子和坏人周旋过，2002年，怀孕4个月的苏菲·玛索在开车回家的路上，被几个专抢名车的歹徒跟踪，快进家里车库时，歹徒上前劫持了她，并逼迫她交出车钥匙。机警的苏菲·玛索为了不让歹徒认出她，用头发遮住脸说："请不要伤害我，我是一个孕妇。"考虑到家里孩子的安全，她让歹徒平静下来，并告诉他们怎么使用这辆高级轿车的钥匙。最终，苏菲·玛索巧妙地摆脱了歹徒的纠缠。

　　在最近的一次访谈中，苏菲·玛索和主持人谈电影，谈人生，谈梦想，谈别人对她的种种误解……她笑称自己是一只猫，她不愿意在人们身边逗留太久，因为她知道：当曲终人散时，她还是1980年初登银幕的苏菲·玛索，那是她最真实的本相。

逐梦箴言

　　不会说"不"的人很难成功，因为在人生路上，很多时候都需要果断的"拒绝"！苏菲·玛索不拘泥权威，有自信说"不"，这就是苏菲·玛索走向成功的重要法则。

知识链接

法国电影凯撒奖

　　法国电影凯撒奖是法国电影的最高荣誉，有"法国奥斯卡"之称。第一届法国电影凯撒奖于1976年4月3日由法国电影艺术与技术学会和法国电视二台合作举办。奖项由组织评选投票产生，每年一届，以法国著名雕塑家恺撒·巴勒达西尼命名，正是他为凯撒奖设计了奖杯。凯撒奖的颁奖典礼于每年的2月底或3月初举行，地点按惯例都定于法国首都巴黎的一些高级场所，例如：帝国剧院、爱丽舍剧院等等。

智慧心语

如果我想获得更大的发展,那我就不能满足于永远只做一个花瓶。

——查理兹·塞隆

生命中最重要的是亲情、友情,感谢你们让我拥有我喜欢的演艺事业。

——梅丽尔·斯特里普

女主角可以找别人,但我一定是最好的!

——巩俐

人如果追求表面的美丽,只会对自己越来越失去信心。若追求的是内心的宁静自然,就会越来越觉得充实。

——林青霞

有信心未必会赢,没信心一定会输! 成功不是必然的,但努力是必需的!

——刘德华

我知道我不能永远只停留在一个地方,只有走得更远。

——路易·德·菲耐斯

第五章

跬步之积，百炼成金

葛优

◎ 导读 ◎

  战国末期赵国思想家荀子在《劝学》中说:"不积跬步,无以至千里。不积小流。无以成江海。"也许我们无法成为伟人,无法成为豪杰,无法成为最耀眼的那颗星,但是,我们可以做最好的自己。尊重自己,相信自己,把握好机遇,不放过任何一个可以历练自己的机会,也许,那正是命运给予我们的考验。

■ 用心"养育"小人物

2012 年 6 月 30 日，一个伟大的"小人物"停止了思想，离开了他热爱的舞台，离开了喜爱他的观众。

他的名字往往让人一时难对上号，但提起他出演过的角色，却无不叫人津津乐道。他自言"长得有点儿寒碜，天生不是台柱子的料"，但演了一辈子小角色仍无怨无悔。

他，就是有着"龙套大师"之称的黄宗洛。

黄宗洛 1926 年出生在浙江瑞安的书香门第，在这样的家世背景下成长，幼年的黄宗洛和兄妹们有读不完的书。加之父母对他们的教育采取无为而治的方式，使得黄宗洛幼时便形成善良、宽厚的个性，这也让他的亲人、朋友获益良多。

黄宗洛的父亲虽然是理工科出身，但深爱文学艺术，是标准的戏迷。上世纪二三十年代，正是京剧的黄金时期，父亲常常携妻带子去看戏，浩浩荡荡一大家子人煞是壮观。看戏令童年的黄氏兄妹在跟着父母大饱眼福的同时，梅兰芳、程砚秋、马连良等名家的代表作也带给他们最初的戏剧艺术震撼。黄宗洛形容儿时的自己"是个地地道道的小戏迷"，每月把零花钱攒起来买戏票。

黄宗洛自幼腼腆。6 岁那年，姐姐黄宗英领着他去参加入学考试，当时他紧张得要命。主考老师摸着他脑袋微笑道："别害怕，你在家里都跟谁玩呀？"

"跟小妹。"

"小妹是谁呀?"

他不假思索脱口而出:"小妹是我姐!"

主考老师一听连连摇头,连姐妹都分不清还上哪门子学呀,回家待着去吧!黄宗洛的两个哥哥平时都喊黄宗英小妹,黄宗洛也跟着叫惯了,他万万没想到自己竟因此被视为低能儿,而且还被老师拒之门外,最后还是父亲出面才让他上了学。

到了高小参加演讲比赛,他眼见台下一片攒动的人头,哇的一声当众大哭,只得被领下台。当他考上燕京大学心理学系后,一心想当哲学家,不敢再沾文艺的边。他郑重写下自己的志愿:"一辈子尝尽人生百味。"命运轮转,最终让他以演员的身份实现了理想。

有哥哥黄宗江和姐姐黄宗英的成功在先,黄宗洛与戏剧结缘似乎顺理成章。可是结缘容易,成功却远非一日之功。无论长相还是谈吐,乃至对戏剧艺术的领悟能力,当年初涉剧坛的黄宗洛都有所欠缺。但他相信勤能补拙的道理,硬是凭着自己对艺术追求的韧劲和勤奋逐步推开戏剧殿堂的厚重大门。

1948年,黄宗洛辍学奔赴解放区,组织上把他分进文艺学院,而后成了文工团演员。1952年北京人民艺术剧院建院,他又被分配到人艺,在此扎根了40多年。

黄宗洛最初演得并不顺利,好在他幸运地遇到了焦菊隐、于是之等话剧艺术大家。在排一出叫《民主青年进行曲》的戏时,黄宗洛扮演与本人十分相似的大学生王渔。结果他上台后畏畏缩缩、毫无朝气,导演一看干脆把这个角色删掉。焦菊隐到人艺后,排曹禺新作《明朗的天》,又分配他演青年陈亮。虽然焦菊隐费了双倍的力气指点,这个角色还是演得毫无生气。彩排那天院长曹禺来审戏,看到黄宗洛的角色,不禁幽默道出真言:"王渔失水,陈亮不亮!"

迫于无奈,这个角色只得砍掉,让他演一个毫不起眼的小配角——特务。谁知黄宗洛演起坏人倒放松下来,他扮演的这个特务,并非凶神恶煞

式的反派，而是咬文嚼字、故作斯文，"坏水都藏在骨子里"，让人称绝。他也因之在"连遭十八败"的失意中找到自信，越挫越勇，"诀窍只是苦干、笨干加傻干！"

在排老舍的新戏《龙须沟》时，黄宗洛争取到跑龙套的活儿——一个卖烂酸梨的老头儿。排练时，他不光到鼓楼去和摆摊的大爷们唠嗑，还真买了一堆梨，在史家胡同的大杂院里吆喝卖起来。为了这个角色，他蹲了半个月，梨子糟蹋了几十斤，实际演出时这个角色猫在角落里，连一句台词也没有。

他第一次走上银幕是在谢添导演的《锦上添花》中扮演一个搭错车的乘客，这也是一个小角色。"文革"后，谢添又将《茶馆》搬上银幕，包括黄宗洛在内的人艺老演员们，在这部影片中有精彩表演。此后，他在《伤逝》、《西游记》、《大宅门》、《活着》、《龙年警官》、《笑傲江湖》等影视作品中都露过脸。在电视剧《擎天柱》中，他饰演一个卖耗子药的而荣获第13届飞天奖最佳男配角奖。在"龙套"生涯中，他共塑造了100多个小人物，自诩为"百丑图"，其中重要的形象有72个，他自称为"七十二变"，欲与孙大圣争个高低。

黄宗洛并不介意"龙套大师"的雅号，他经常对朋友说："我演了多半辈子戏，从来不是红花，偶尔有幸配绿叶，多半演的也是一些没名没姓、很不起眼的群众角色。在话剧舞台上庸碌半生的我，只不过是艺坛百花丛中的一株小草。我对所扮演过的形形色色的小人物十分珍视，每个形象都渗透着自己的心血和劳动。"

这是黄宗洛的艺术宣言，做演员如此，做人也是如此。

台前幕后的瑰丽人生

平凡并不意味着平庸。有着"龙套大师"之称的黄宗洛，一生中共塑造了 100 多个小人物，饰演最多的便是看门大爷和太监。"我对所扮演过的形形色色的小人物十分珍视，每个形象都渗透着自己的心血和劳动。"这是黄宗洛对自己艺术人生的评价。

知识链接

北京人民艺术剧院

北京人民艺术剧院简称北京人艺，成立于 1952 年 6 月 12 日，是一个具有独特表演风格的国家级话剧院。首任院长为戏剧大师曹禺。老舍的名剧《龙须沟》是她的奠基之作，不久又接连演出了曹禺的《雷雨》、《日出》、《北京人》以及郭沫若的名剧《虎符》。剧院自建院以来共上演古今中外不同形式、不同风格的剧目近 300 个。北京人艺在半个世纪的历程中，演出活动遍及全国，其鲜明的"人艺演剧风格"已扎根于广大观众之中。剧院现有以演出话剧为主的三个剧场：首都剧场、人艺小剧场、人艺实验剧场。剧院所属的舞台美术制作中心建有专业化的制作基地，担当本剧院及其他演出院团布景、服装、道具的制作。

■ 成功是对过去的总结

在《三七撞上二十一》里，他是闫妮的二婚丈夫翟耀东；在《浪漫的事》里，他是结巴三女婿；在《空镜子》里，他是一说话便跷起兰花指的娘娘腔……凭借《钢的琴》在东京电影节拿影帝时，很多观众还不认识他，让他一度成了所谓的"打酱油影帝"，在很多新闻发布会上做得最多的就是帮女主角秦海璐举话筒。

他，就是"非著名电影表演艺术家"王千源。

王千源 1972 年出生在沈阳，父母都是辽宁省话剧团的演员，他从小在话剧团宿舍的大院里长大。由于父母一天要演好几场戏，因此他经常被带到剧场里，化妆间、道具室就成了他的幼儿园。虽然每天耳濡目染的都是些与演戏有关的事，但是王千源并没有想过将来要吃这碗饭。初中毕业后，他考到服装职业高中，毕业后分到服装厂工作。后来他辞去工作报考大学，最初想报考美术或服装设计，结果连考了两年都没考上。第三年，父母建议他试试表演，没想到一下就考上了中央戏剧学院表演系。

读大二时，王千源在霍建起的《赢家》中扮演一个没有胳膊的残疾人，这也是他的电影处女作。电影里有很多大牌明星，比如宁静、邵兵、耿乐，为了这个小角色，他去体验生活，观察残疾人，准备了一个多月时间，但真正出现在电影里的镜头只有 5 秒钟。

在《宋家王朝》中，王千源又扮演了"群众甲"。他后来回忆道："张曼玉从飞机上下来，王学兵在飞机上当人家秘书，有一队人马在那儿站着接机。

有两个当官的在前面，可以给脸的；还有一帮人呢，没给脸，给后脑勺，我就是那些后脑勺之一。你看不见我，但是我的确演了那部电影。"

从中戏表演系毕业后，王千源在北京影视圈默默打拼。他最开始曾经在儿童艺术剧院演过大树、演过岩石，后来第一年演残疾人，第二年演军人，第三年演警察……"我记得很清楚，十多年后才慢慢演到男三号、男二号、男一号，不过好像都不是演的帅哥。"

每一个熬出头的"北漂"演员，一般都有一肚子的辛酸。相比之下，王千源要平淡得多。"我们每一届同学里，大多数人都转行了。你们看到的章子怡、巩俐是成功的代表，其实一个班上三十多个人里面，能够有一两个就不错了，大多数人都是默默无闻。而且演员还不像摄影、摄像，如果你到了 40 岁还不行，那就一定要下马。"王千源说。

凭借《钢的琴》拿到东京电影节影帝，王千源在接受采访时提到最多的是"幸运"二字。

当时，《借枪》和《钢的琴》两部剧本同时摆在王千源面前，相同的档期迫使他必须做出取舍。《借枪》中杨小菊一角原本是我的，但我选择了偏艺术的《钢的琴》，杨小菊一角由我的同班同学李乃文出演。几乎所有的人都告诉我应该选《借枪》，我还是把姜伟那戏的钱退了，跟人家说对不起。"

《钢的琴》拍摄过程也是一波三折。

最初的启动资金只有 7 万元，而且投资方不喜欢这个模式。一部低成本的文艺片，找来的男主角还默默无名，投资自然出现了问题。没有钱拍戏，导演张猛就拿自己的房子去办理抵押贷款。但是银行评估风险后表示："如果男主角是夏雨就可以发放贷款，是王千源就不行！"后期制作期间资金链断裂，幸亏女主角秦海璐把自己的片酬投入到影片里转做出品人，这才缓解了燃眉之急。

好事似乎从来都是多磨。

《钢的琴》东京电影节大获成功后，在庆功宴上，5 个分别来自意大利、美国、韩国、日本的国际评委告诉王千源，当初在投票选最佳男主角的时候，他们 5 个人一致都只投了他的票。评委们说："这才是你最值得骄傲的事

台前幕后的瑰丽人生

情，你以 5 比 0 压倒了一切。"

在此之前，只有 3 位中国男演员夺得过东京国际电影节影帝殊荣，他们分别是张艺谋、牛振华和朱旭。而自从 1996 年出演《脸谱》的朱旭先生之后，15 年来再无中国男演员获得过该奖。

虽然王千源对于成名显得很低调，然而对自己的演技却十分自信。聊起表演的事，他总有说不完的话题："我会花几个月时间去揣摩电影中的人物性格、生活习性，像我之前演一个左手残疾的人，我就会把一只手绑起来，用牙齿和右手练习系鞋带。我不担心角色被限定，因为每个角色都有两三种演法，现在最需要的是能让我走出瓶颈，对于我来说，超越任何演员都不是问题，重要的是我要如何超越自己。"

这些年来，王千源演过军人、小偷、老宅男……因此有人称他为"小人物"专业户。王千源说："今后什么样的角色我都想尝试，但最主要的还是要打动人心。可以不是男一号，只要角色真实就好。"未来我们可能会在电影中见到王千源，在电视剧中见到王千源，也可能在话剧舞台上见到王千源。

这就是王千源，一个东北爷们儿，一个认真的演员，一个有着渴望的影帝，一个真实的人！

逐梦箴言

人生需要学会忘记，忘记成功，就不会重复自己。王千源"大器晚成"，不惑之年夺得东京国际电影节影帝，从默默无闻的配角变成名人。获奖之后的他心情早已淡然，因为王千源懂得，如果不忘记过去的成功，将来就无法超越现在的台阶。

我的未来不是梦

台前幕后的瑰丽人生

知识链接

东京国际电影节

东京国际电影节是亚洲最大型的电影节。由东京国际映像文化振兴会和东京国际电影节组委会主办。是一个获得国际电影节联盟承认、与戛纳国际电影节、威尼斯国际电影节、柏林国际电影节等著名电影节齐名的亚洲最大的电影节。1985年首次举办，开始为每两年举行一次，1992年起改为每年举办一次，于每年10月下旬至11月上旬举行。旨在发掘新人和奖励青年导演，要求正式参赛片导演的作品不能超过三部。电影节主要会场在东京的涩谷区，部分活动则分散在东京多个地点举行。

王千源

■ 永远的父亲

他用演戏、歌舞为自己的苦闷找到出口，找到一条可以走下去的路。

这条路带他进入电视圈，遇到终身伴侣，用爱建造一个温暖快乐的家。

这条路带他走上大银幕，从硬汉演到父亲，演活了几千年来中国男人、中国父亲那种沉默压抑、又在意想不到的时刻幽默放手，改换成全心支持的慈爱。

他就是郎雄。

郎雄，1930 年生人，本名郎益三，籍贯江苏宿迁。19 岁时，刚刚从军不久的郎雄就随部队撤离大陆只身去了台湾。

本以为这只不过是暂时撤离，可到台湾以后，郎雄和战友们才意识到：回家已经是一个今生都难以完成的夙愿！战友们想家时，郎雄就会哼上一段家乡的小曲抚慰一下他们思乡的心。很快，郎雄的文艺才能得到了长官的注意，并将他调到康乐队。在康乐队里，郎雄能跳舞、能编舞，还能为歌曲写合声，常编些舞在唱歌的人旁边伴舞。后来，郎雄又加入了军中的剧团，演过舞台剧《春晖普照》等。

1970 年，年近 40 的郎雄正式进入台湾中国电视公司工作，并演出了多部电视连续剧。由于长相硬朗，所以郎雄经常以硬汉的形象示人。1974年，郎雄在电视剧《一代暴君》中饰演秦始皇一角，他把秦始皇刻画得极为出色，并因此剧赢得了观众喜爱；1976 年他参加电影《狼牙口》的演出，这也是他从影的第一部作品，并以此片获得第 13 届金马奖最佳男配角奖，从此横跨电影、电视两界。但直到从中国电视公司退休时，从影 30 多年的郎雄

几乎没演过男主角！

从1990年开始，年届60的郎雄连续接演了李安执导的父亲三部曲《推手》《喜宴》和《饮食男女》，郎雄将这几个"父亲"形象诠释得丝丝入扣、淋漓尽致。睿智、内敛、敏感、幽默却又带着孤独沧桑，郎雄留给世人的父亲印象早已深深烙印在我们心中。在被称为"父亲三部曲"中郎雄饰演的不是那种叨叨絮絮、与儿女打成一片的父亲，相反地，他常常沉默不语又固执地令人束手无策。然而父母对子女的大爱和牺牲奉献却表现无遗，不曾因为子女的冷漠而有所改变，而这也是父亲三部曲中最令人动容之处。

《推手》中郎雄饰演的父亲朱师傅，因为无可避免的中西差异，而宁愿选择成全孩子拥有自己的家庭生活，独自过自己的生活，在中国餐馆当洗碗工了度余生。

《喜宴》中的父亲角色高爸爸，表面上假装不知道孩子是同性恋，却暗地里成全孩子，默默接受儿子的同性恋事实。

《饮食男女》中那位不善表达自己感情的朱爸爸，总爱把家庭聚餐当成国宴一般打理，重视孩子的程度可见一般，他从不干涉孩子们看似唐突又自私的决定，郎雄将一个威严中不失慈爱、豪迈里带尽沧桑的父亲形象刻画得入木三分。因为在《推手》中的出色表演，郎雄一举获得第28届金马奖最佳男主角奖，从此不但是李安的导演实力大获肯定，名气扶摇直上外，郎雄也在其六十高龄再创演艺事业的高峰。1993年，郎雄又以《喜宴》中高爸爸一角获得第30届金马奖最佳男配角奖。

1996年随着政策的改变，两岸的文化交流也日趋频繁，郎雄终于回到了阔别已久的家乡！并与内地大师级导演谢晋合作，拍摄了《鸦片战争》。之后在两地合拍的《春风得意梅龙镇》中扮演一位深藏不露的厨师，与黄磊、周迅合作在电视剧《人间四月天》中扮演梁启超。为两岸文化交流贡献了自己的一份心力。

2002年年初郎雄参加了他一生最后一部电影《天脉传奇》的拍摄。电影开拍前，郎雄已被确诊为肝癌，但他听说该片是华裔女星杨紫琼首次担任制片并饰演片中女主角时，他毅然接受邀请出演片中西藏高僧一角。后来据杨紫琼回忆：郎雄不顾病体，随剧组到西藏出外景，在演一场高僧被坏人杀害的

戏时，在地上一躺就是几个小时，其敬业精神令在场的工作人员为之动容。

2002年5月2日，因肝硬化并发肾衰竭，郎雄病逝于台北，享年72岁。虽然郎雄生前一直谦称自己是"心无大志"，也从没有想当著名的演员，他却在台湾电影史上写下了辉煌的一页。我们不会忘记他带来的美好时光。在第39届金马奖典礼中，大会将"终生成就奖"颁给郎雄，这份迟来的殊荣对他而言已算不上锦上添花，只能是徒具形式，因为他塑造的众多角色，尤其是"父亲"的形象早已在世人心中获得了永恒的掌声和尊敬。

逐梦箴言

本来只想把演戏和歌舞作为一种谋生手段，没想到却为郎雄打出了一片全新的领域。他从影30多年，几乎没演过男主角，他用自己的经历诠释了演艺界中"只有小角色，没有小演员"的至理名言。

知识链接

李安

李安，1954年10月23日生于台湾，祖籍江西德安，硕士，是一位享誉世界影坛的著名导演和电影制作人。其第一部作品《推手》便获得了台湾金马奖最佳导演等8个奖项的提名。2000年的《卧虎藏龙》荣获第73届奥斯卡金像奖最佳外语片奖，成为迄今唯一获此殊荣的华语电影。2006年凭借电影《断背山》荣获第78届奥斯卡金像奖最佳导演奖，也是目前唯一获此殊荣的华人导演。李安为华人影坛作出了极大贡献，迄今已经两次获得奥斯卡奖，两次获得金球奖最佳导演奖，获得两届威尼斯电影节金狮奖，两届柏林电影节金熊奖。曾担任第66届威尼斯国际电影节评委会主席。代表作品有：《推手》《喜宴》《饮食男女》《理智与情感》《卧虎藏龙》《断背山》《色戒》等。

我的未来不是梦

■ 把配角做到极致

　　他是《空中监狱》里令人胆寒的变态杀人狂；

　　他是《冰血暴》里运气不佳的杀人抢劫犯；

　　他是《幽灵世界》里彻头彻尾的失败者；

　　他是《大鱼》里一个依旧失败的落魄诗人；

　　……

　　如果你看过 15 部以上的好莱坞经典电影，你就一定会注意到他——斯蒂夫·巴斯米！

　　他的名字也许还不够响亮，但他的那张脸相信你绝对熟悉。厚重的眼袋与突出的上眼皮，再加上一张没有特色的嘴，是那种一看就知道命运坎坷的小人物。

　　导演们都很为巴斯米的容貌所吸引，喜欢拍摄他的脸部特写，因此他的脸在影片中经常处于变形状态。其实巴斯米本人有一种分裂的英俊感，一头耀眼的金色，深蓝色的眼睛显得有点腼腆，具有穿透力的眼神中却又透出一丝诡异。

　　不管你怎样认为，他都是那种让你只要看上一眼就绝对难以忘掉的人。

　　作为演员，斯蒂夫·巴斯米曾在大小银幕中塑造过无数让人记忆犹新的鲜活人物，虽然多以配角出场，但其出色的演技丝毫不逊于主角的光彩。从初涉影坛至今，巴斯米已经出演了将近 120 部电影和电视剧，时至今日，这棵常青树依然屹立不倒，被誉为好莱坞的黄金配角。

　　斯蒂夫·巴斯米 1957 年出生在纽约布鲁克林区，母亲是爱尔兰人，父亲是意大利人。在中学毕业前，巴斯米对表演产生了浓厚的兴趣。高中时，他曾得到一个学校剧团的角色，但始终没等到出场的机会。于是，一心想当演员的巴斯米来到曼哈顿著名的李·斯特拉斯堡喜剧学院学习表演，但后来参加大学入学考试时却不幸落榜了。

　　无奈之下，巴斯米只好来到纽约做起了一名消防队员。此间，不安分的他开始与朋友一起编写、创作戏剧作品，并时常登台表演脱口秀，或是在舞台喜剧中跑龙套。4 年后，巴斯米果断地辞去了消防队员的工作，一门心思进入娱乐圈发展。

　　1986 年，巴斯米在电影《浮沉》中饰演了一位身患艾滋病的音乐家，拉开了他银幕生涯的序幕。后来，科恩兄弟慧眼识珠，力捧巴斯米，连续让他出演了《冰雪暴》、《谋杀绿脚趾》、《巴顿·芬克》和《赫德萨克的代理人》等片，不过在科恩兄弟的这些电影中，巴斯米扮演的通常都是眼露凶光、唾沫飞溅的野蛮人。

　　随后，他又陆续被很多著名导演看中，不断出现在吉姆·贾木许、马丁·斯科西斯、约翰·卡彭特、昆汀·塔伦蒂诺、罗伯特·奥尔特曼等人的经典作品中。在这些作品中，他扮演的依然是戏份不多的配角，而且大都是古怪另类的边缘角色——服务生、路人甲、失败者、抢劫犯，而最多的角色是罪犯。

　　"真奇怪，我并不是个粗糙的大块头，结果我接到了这么多精神病患者和罪犯的角色。"巴斯米说，"我其实并不关心这些角色是什么人，只要是复杂的，并且经历过一些我能理解的变故，可以表现得出来就行。"

　　尽管只能演配角，但巴斯米并没有因此而拒绝剧本，更没有因此而看轻自己。"我并不倾向于将这些角色看作失败者。"他说，"我喜欢看人们挣扎，我喜欢那些感到自己并不适应社会的人，因为我自己有时就这么觉得。"

　　巴斯米发自内心地热爱表演，他说过这么一段话："当我还是一个救火员时，进入过许多燃烧着的建筑中。这是一个伟大的工作，是一个我认为唯一能和犯罪表演相比的工作。在走进火前，与开始表演前一样，有同一

种肾上腺素在释放。"

扎实的表演功底和认真的表演态度,让巴斯米赋予了那些配角人物以鲜明的个性魅力,往往几分钟甚至是几秒钟的镜头就能给人留下烙印,深入人心。或许这就是巴斯米让很多著名导演一致看中的原因。如今,由巴斯米参与的电影都成了备受赞誉的经典名作,而在演艺界坚守三十余年的巴斯米也成为了好莱坞炙手可热的黄金配角。1997 年,巴斯米被英国的《帝国》杂志评为电影史上百位巨星第 52 位。2002 年,他以《幽灵世界》赢得独立精神奖和纽约影评人协会的最佳男配角奖。

在《孤独的吉姆》中饰演飞车手"罪恶"的小马克·伯恩与巴斯米合作逾 30 年,他对好友的成功并不奇怪:"他有一张非凡的脸和一双非凡的眼睛,他了解自己的才能也知道如何发挥才能。"他还补充说,尽管巴斯米已经出现在无数电影中,"但我认为他被低估了。除了他经常饰演的那些角色外,他还能做很多不同的事"。

事实上的确如此,近年来巴斯米也曾在电影中担当过主角,并受到好评。而除了表演之外,巴斯米还是一位不错的编剧和导演。但毋庸置疑,他最为人所熟知的身份,还是那个在好莱坞经典影片中灵光一现却叫人过目难忘的配角演员。

虽然很少有做主角的机会,但巴斯米对此并不介意。他曾经说:"我并不在意别人都在苦苦争夺什么,反正我也得不到。如果当不了主角,那就把配角做到极致吧!"

其实,配角没什么不好,如果能把配角做到斯蒂夫·巴斯米这个份上,那何尝不也是一种成功呢?

逐梦箴言

谁都希望演主角，但并不是谁都能当上主角。斯蒂夫·巴斯米那奇特的长相似乎就注定了他一辈子只能当一名配角。然而，这位好莱坞的"超级龙套"，却把每一个配角都演绎得那样精彩、生动，为自己赢得了丝毫不逊色于主角的光彩。能把平凡的小事做到极致，也可以说是一种成功。

知识链接

纽约影评人协会

纽约影评人协会是个影评组织，位于美国纽约，建立于1935年。它在北美所有的影评人协会奖中历史最悠久、地位最崇高，同北美广播影评人协会、洛杉矶影评人协会并称"三大影评人风向标"。成员包含纽约地区的报纸、周刊、杂志的影评人。每年1月上旬，纽约影评人协会颁发纽约影评人协会奖，纽约影评人协会奖是重要的奥斯卡奖风向标之一。

英国学院奖

英国学院奖由英国电影学院主办，创办于1947年，每年评奖一次，2月25日开奖。1959年与电影制片人和导演公会合并，改名为电影和电视学会，1975年又改名为英国电影与电视艺术学院。英国学院奖有英国的"奥斯卡"之称，原主要表彰对象是英国电影及由英国籍演员演出的外国影片，但近年来提名较开放，只要在英国正式上映的影片都可获提名，奖项改为面向世界各国的影片进行评奖，使之产生了更大的影响。现在的奖项设置已与奥斯卡奖类似。

我的未来不是梦

■ "我是香港最贵的男配角"

　　他演了 10 年的戏,却始终默默无闻。直到有一天,他遇上了一个同样郁郁不得志的小演员周星驰。他们开始搭配演戏,演父子,演师徒,演同事,演对手……二人一张一弛,形成了自己独特的喜剧风格。他们的幽默表演渐渐被认可,越来越走红。他的搭档变成了人们敬仰的"星爷",而他,却始终站在配角的位置上,甘为他人做嫁衣。

　　他说:"我是香港最贵的男配角,也是最有味的火锅料。"

　　他,就是被誉为香港"金牌绿叶"的著名演员吴孟达。

　　1953 年 1 月 2 日,吴孟达出生于福建厦门。1973 年,移居香港的吴孟达靠亲戚牵线搭桥,进入了"无线电视台"第三期艺员培训班。两年后,成为了"无线"的签约艺人。

　　实际上,长相并不英俊潇洒、演技还谈不上娴熟自如的吴孟达,签约的待遇在当时是最低下的,充其量也就是一个跑龙套的,扛道具、给灯光师打下手,甚至买盒饭等琐碎事都得干。直到 1979 年,吴孟达才接到第一个有点份量的角色———在《楚留香传奇》中扮演"胡铁花",这部由郑少秋、赵雅芝担任主演的古装剧风靡一时,吴孟达也搭上了顺风车,一夜之间就成了小有名气的新人,获得了不少片约。

　　初战告捷,令吴孟达变得不知天高地厚起来,他不再认真拍戏,也很少守时,整天除了吃喝、泡妞、打架之外,还染上了赌博的恶习,债台高筑。好几个剧组看他如此不务正业,便中断了与他的片约。吴孟达一下子没有了

收入来源，最后在 1981 年因为欠银行 30 多万港币而宣告破产。更糟的是，"无线"决定把他雪藏。

迫不得已之下，吴孟达只好向同班同学周润发伸手借钱，不料却惨遭拒绝。当时，吴孟达很"恨"周润发见死不救，直到多年后才明白，当年周润发不借钱给他，就是逼他自强，不忍他继续沉沦下去。周润发说："如果当时我帮你，实际上就是害了你，因为你既不会戒赌，也不会真正站起来！"

曾经想过自杀的吴孟达，决定从跌倒的地方爬起来。他痛定思痛，用 3 年时间把债务清完，并找来各位表演大师的书认真阅读，潜心研究各种表演方式。沉寂了 4 年思考了 4 年后，吴孟达开始真正爱上了演戏，开始珍惜每一次的演出经历。

浪子回头的吴孟达，令所有人都对他刮目相看，注意到他的导演和制片人渐渐多了起来。然而，虽然在很多戏中露过脸，但吴孟达并没有像周润发、梁朝伟那样迅速成为大腕明星。直到后来，吴孟达碰上了周星驰，才开启了他演艺生涯的黄金时代。

周星驰刚出道时，也是一个跑龙套的，两人相遇后，吴孟达就认定了周星驰极有潜力，一有机会就积极向导演推荐没有丁点名气的周星驰担纲主角。1989 年，吴孟达与周星驰合演了《盖世豪侠》和《他来自江湖》。当时，两人住在对门，经常凑在一起研究剧本，讨论第二天该怎么演出。终于，两人在银幕上天衣无缝的合作，被独具慧眼的导演吴思远发现，特别为他们量身定制了电影《赌圣》。那一年，《赌圣》以最低的成本打败成龙与许冠文的同档电影，破了历来港产片票房纪录。就这样，周星驰与吴孟达开始了长期搭档的合作关系。

此后，这对"黄金搭档"合拍了《大话西游》、《九品芝麻官》、《大内密探零零发》、《武状元苏乞儿》等一系列卖座电影，创造了香港电影史上的一段神话。吴孟达由此成为周星驰作品里出镜率最高的配角，甚至成为周星驰电影的一个标志。而愿意找他配戏的明星大腕也越来越多。

尽管演了那么多配角，但吴孟达却从来都没有觉得自己不重要。他说："我从来不带剧本到现场，因为人家睡觉的时候，我都把所有剧本处理好，

我的未来不是梦

连表演动作也要做几遍。你尊重观众，观众才会尊重你。每一个镜头，观众都会看到我的诚意，观众是很聪明的，他很容易看得出你有没有下功夫。另外，就算你事业大红大紫了，也不要得意忘形，观众才是我们的老板。"

对于如何演好配角，吴孟达也有自己的心得。他说："一部电影 90 分钟，给配角的戏不会超过 20 分钟，刚出道时，我也是个抢戏王，后来明白做人比演戏更重要，开始配合人家。比如四大天王是四条鱼，我熬的鱼汤就会是四种味道，味道好不好，关键在配料。像重庆的火锅一样，主角都是虾啊、肥牛啊，但怎么样才好吃，就讲究汤味了，配角就是那锅汤，我和成奎安、午马、黄秋生的配料不一样。"

有句话说得好，当配角并不难，难的是当一辈子配角。踏入影坛三十多年，吴孟达几乎从未主演过一部真正意义上的电影，全以陪衬身份出现，却以其丝丝入扣、不留痕迹的表演方式，稳坐香港"搞笑男二号"的交椅，成为为数不多靠演配角而红遍港台和内地的明星，也成为香港和华语影坛片酬最高的黄金配角。

回顾自己的经历，吴孟达坦言："心态最重要，你要爱演戏，真正的爱。"

逐梦箴言

踏入影坛三十多年，吴孟达几乎从未主演过一部真正意义上的电影，全以陪衬身份出现，但却以其丝丝入扣、不留痕迹的表演方式，稳坐香港"搞笑男二号"的交椅，成为香港和华语影坛片酬最高的黄金配角。"心态最重要，你要爱演戏，真正的爱。"从这句话中我们或许可以窥见他成功的秘诀。

知识链接

跑龙套

跑龙套是京剧的术语，原指戏曲中扮演兵卒或随从的配角。之所以会称"龙套"，是因为戏服上往往绣有龙纹之故。由于龙套的功用主要是为了陪衬主角或应故事发展之用，因此如果替人帮衬、打杂或跑腿，做些无关紧要的工作或扮演无足轻重的角色时，一般便称之为"跑龙套"。后比喻在别人手下做无关紧要的事，或专做跑腿、服务性工作；或起次要作用、充当配角的人。现在多用于电影里面的配角或小角色。

吴孟达

我的未来不是梦

智慧心语

诀窍只是苦干、笨干加傻干！

——黄宗洛

对于我来说，超越任何演员都不是问题，重要的是我要如何超越自己。

——王千源

如果当不了主角，那就把配角做到极致吧！

——斯蒂夫·巴斯米

你事业大红大紫了，也不要得意忘形，观众才是我们的老板。

——吴孟达

第六章

愈挫愈奋，永不退缩

周星驰

◎导读◎

　　苏联作家奥斯特洛夫斯基说过这样一句话:人的生命似洪水在奔流,不遇着岛屿、暗礁,难以激起美丽的浪花。没有人能在漫长的一生中始终一帆风顺,毫无挫折。挫折并不可怕,可怕的是在挫折面前一蹶不振。挫折不过是命运对我们的信念、毅力、勇气和方法的考验。它让我们停下前进的脚步,回望和反思。任何一个成功的人都是战胜了一个又一个挫折才达到梦想之巅的。所以,我们要做到无惧任何挫折,永远不停歇追逐梦想的脚步,成功一定会在不远处等待着我们。

■ 永不言败的拳手

1946 年，西尔维斯特·史泰龙出生在纽约曼哈顿的一个演艺之家。刚出生时，他被医用产钳夹伤了面部，因此造成左脸颊肌肉萎缩，眼睑和嘴角都向下歪斜，口齿不清。但是经过多年历练之后，这些反而都成为史泰龙在大银幕上最显著的标志性特征之一，而且正因如此，他沉默寡言，话语不多，也更增添了几分硬汉的气质。

史泰龙 11 岁时，父母离异，史泰龙跟着父亲开始了单亲家庭的生活。15 岁那年，叛逆的史泰龙已经上了 12 所不同的学校，因为经常打架大部分学校将他开除了事。甚至有一次他被全班同学和老师选为"班上最有可能坐电椅的人"。

时光飞逝，史泰龙逐渐长大成人了。他的学业依然毫无起色，高中毕业以后，他找不到一家愿意收录他的大学，而参加海军又不够年龄。好不容易他得到了瑞士一家学院的奖学金：一边给女学生上体育课，一边学习戏剧课程。

这段学习经历让史泰龙找回了信心，他满怀希望地回到美国，进入迈阿密大学戏剧表演系正式学习表演艺术。然而，他的导师努力劝说西尔维斯特退学——他们认为当演员根本不是史泰龙能从事的行业。但史泰龙固执地坚持着，认真学习，但最终还是差了三个学分。他又一次退学，只身来到纽约闯天下。

初到纽约，一切都那么艰苦。史泰龙连个群众演员的差事都混不上。

我的未来不是梦

于是他对那些试镜、走台都失去了兴趣。此时，史泰龙的母亲已成了一位修炼有道的星相专家，她断言史泰龙必须要经过 7 年的努力，而且要以一个作家的身份去竞争，才有可能出人头地。于是，学习成绩奇差的史泰龙便遵从母命，真正地拿起了笔，坐在书桌前写了起来。史泰龙母亲的星相断命是真正心有灵犀还是别有他意，已经无从考证了，但是这个有些痴狂的傻小子真的开始用笔去开创自己的成功道路了。

他开始一心一意地去创作剧本。为了集中注意力，他干脆把窗户涂成了黑色。史泰龙曾回忆道："既然我无法改变自己已有的外部形象，我总有能力去修改、润色自己创作的剧本吧！"

微薄的稿酬并不能负担史泰龙一家生活支出，为了生活史泰龙打过零工，在动物园清洗狮子笼，送比萨饼，帮助别人钓鱼，在书店帮人照看书摊以及在电影院当领座员。困苦的生活并没有磨灭史泰龙的斗志反而丰富了他的人生阅历。

1976 年 3 月 15 日夜里，史泰龙在电视上看了一场拳击直播比赛，对决的双方是拳王阿里和被称为"靶子选手"的扎尔·韦伯纳。拳台上的韦伯纳并没有像所有人预计的那样被一拳打趴下，而是仿佛钉在地板上一样，和阿里打满了 15 个回合！拳王阿里可能没有料到他的铁拳将要打出两个英雄，但是电视机前的史泰龙却看到了结束他倒霉岁月的一线曙光！用史泰龙自己的话说就是："就在那天晚上，洛奇·巴尔博亚分娩了！"

史泰龙决定创作一个叫洛奇的人物，他是街头一个普通的拳击手，一个小人物，只要给他次机会，不管成功还是失败，他都会努力去实现。从真正动笔到第一稿完成史泰龙只用了 3 天，但可以说史泰龙是以他一直以来的生活现实为基础，写出了洛奇这个出身卑微但永不言败的平民英雄。

但制片商们可不愿意拿大把的钞票去给史泰龙赌运气，他们愿意花高价买下剧本，但拒绝史泰龙出演洛奇，史泰龙的坚持让这些精明的商人不得不把购买剧本的价码从 7.5 万美元一路追加到 20 万美元！当时，史泰龙与妻子的第一个孩子就要出世了，可他连下个月的房租都没有着落，这笔巨款对他来说实在太有诱惑力了！但史泰龙还是坚持了自己的想法。因

为剧本实在太出色，制片商最终不得不妥协，但是作为史泰龙出演洛奇有交换条件，制片商只承诺支付给他可怜的一点片酬和无法预计的票房分红。

《洛奇》的拍摄极不顺利，为了节省开支，史泰龙找来父亲扮演拳击赛场的计时员，找来弟弟扮演街头歌手并创作、演唱了该片的主题歌，找来妻子承担了拍摄工作照的任务，甚至史泰龙的爱犬也出现在了影片里。但即便如此，影片里的几段重场戏还没开拍时，就已经超出了预算。制片方打算放弃了，但史泰龙清楚自己在做什么。正是由于他的不断坚持，影片最终才得以完成。这部仅耗时两个月，投资 100 多万美元的小成本电影，上映后却引起了空前轰动，并奇迹般地创造了 2.25 亿美元的票房收入。

1977 年第 49 届奥斯卡颁奖典礼上，《洛奇》成为奥斯卡有史以来最大的一匹黑马，击败了夺奖呼声最高的热门影片《出租车司机》，荣获了最佳影片奖！当制片人埃文·温克勒上台领奖时做出了一个不同寻常的举动，他执意拉着史泰龙一起走上了领奖台，因为他清楚，如果没有史泰龙的坚持，《洛奇》可能永远不会上映，更不会有此刻的荣誉。

除最佳电影外，史泰龙本人还同时获得了最佳男主角与最佳编剧的提名。同一个人因为同一个片子而同时获得这两个提名的，在奥斯卡历史上只有两个先例：一个是查理·卓别林，另一个是奥森·威勒斯。虽然最后史泰龙个人没有获得任何奖项，但从那一刻开始，这个好莱坞的小角色已经可以和巨人比肩而立了！面对如此巨大的成就，史泰龙却显得很从容，在一次采访中，他说道："我得到了许多机会，也曾失败过许多次，但我从挫折中学会了成功。这便是人生，我也许打了许多败仗，但我还是很喜欢这场战争……"

逐梦箴言

史泰龙凭着执着的精神跨越了一个又一个障碍,实现了一次又一次的华丽转身。坚持就是胜利,或许是老生常谈,但史泰龙不就是这样吗?正是因为坚持,他才会创造出一个个奇迹!

知识链接

票房

票房(Box Office)原意是指公开出售电影或剧院门票的地方,现特指电影或戏剧的商业销售情况。票房可以用观众人数或门票收入来计算。票房在英文里的意思为"盒子办公室"。这个词来自于早期的戏院,要进入便宜的座位区需花费一个铜板,这个入场费是要放在位于入口闸门上一个锁住的小箱子。当箱子满了的时候,工作人员会将箱子拿进一个小房间进行清点并收藏。因此这个与财务部门相关的小房间就被称为"盒子办公室"(Box Office)。在现今的电影行业中,票房已经成为衡量一部电影是否成功的一项重要指标。

■ "请你一定不要放弃"

20 世纪 80 年代初, 日本电影《追捕》在中国大陆上映, 给中国观众带来了空前的震撼, 特别是高仓健扮演的检察官杜丘的形象更是深入人心。

高仓健塑造的不同于施瓦辛那样体魄健美、性情豪放的硬汉形象。他微蹙的浓眉、凛冽的眼眸、带着隐忍的刚毅面孔和充满正义感的气质, 显示出一种撼人心魄的男人魅力。在 50 多年的演艺生涯里, 他主演了 200 多部电影, 荣获了多项荣誉, 可他却依然谦逊地评价自己:"高超的演技跟我无缘, 我只有拼命地接受挑战。"

他就是凭着这样的信念, 从一个没有经过专业培训过的演员一路走了下来。明治大学毕业后虽然在百货公司和航空公司工作过, 但是他期望走一种能努力做就能上去、认真不偷懒就能成功的道路, 幸运地得到了大学恩师的推荐, 在京桥一个咖啡店接受了面试。在那里遇到了偶然去那里物色新人的原东映公司的专务牧野光雄先生, 伴随着牧野光雄先生一声"你有没有成为演员的想法"的提问, 高仓健进入了东映公司。

他在东映公司接受了一个月的演员培训。在培训的时候, 被别人说眼神很凶恶; 每周上古典芭蕾课的时候被人嘲笑, 上日本舞蹈形体训练课的时候, 因为把和服的裙摆弄破了而受到严厉的训斥。

当时表演课的老师曾经说过他根本就不适合当演员。在第一次上台试镜的时候, 高仓健看着自己满脸油彩, 留下了耻辱的眼泪, 这眼泪他终生难忘。随着这屈辱的眼泪高仓健开始了演员道路, 为了生活, 为了更好地

出人头地,高仓健再也没有放弃演员这个职业。正如他的传记里所说,人生是不可预测的,如果你们现在被老师说不适合表演,请你一定不要放弃,有一天你会实现自己的愿望的。

在第一个作品的外景拍摄地,有一天早上,有名的导演没出现在现场,他等了一会儿还是没有出现,开始担心起来。高仓健找到导演的房间,向里面窥视,看到了盖着被子正在睡觉的导演,枕边已经堆积着从破碎的玻璃窗飘进去的一层细碎的白雪粉末。

虽然高仓健知道剧组在努力降低成本预算,可是没想到这样有名的人物也能做到这样,在这种恶劣的环境下工作执导。他大受感动,导演能做到这样,他作为一名演员也要克服一切困难,演好自己的角色让导演满意。怀着对导演尊重的强烈感情,高仓健进入了他演《网走番外地》侠义系列片的起点,也真正开启了他演绎事业的人生道路。

他主演的《幸福的黄手帕》在 1978 年获得了第 51 届《电影旬报》男主角奖、第 32 届每日电影杯男演员演技奖、第 20 届蓝丝带男主角奖和第 1 届日本电影学术会男主角奖等四项日本最高的电影奖项,奠定了他在日本影坛不可动摇的地位。

无论是英姿飒爽、健壮挺拔的高仓健,还是功勋卓著、满脸风霜、光芒隐去的迟暮老人,高仓健都依然让人难以忘怀。他天生的男子汉气质开始溶化和交织在角色中,让他的表演更生动感人。

有人曾经这样评价高仓健,说他的一生好像只演了一个角色,因为这个角色让人感觉不到他是在演戏,而是让人觉得这就是他自己,他的本色。他不用去刻意表现什么,一个眼神、一个手势甚至一个背影就已经深深落入了观众的心中。

高仓健的这种魅力不仅征服了中国数万观众的心,也征服了导演界一代宗师张艺谋。张艺谋成了高仓健的铁杆影迷。2005 年,张艺谋如愿以偿地与 74 岁高龄的高仓健合作拍下了朴实无华却温馨感人的文艺片《千里走单骑》。

有记者听说高仓健在拍摄《千里走单骑》时不愿意坐下来休息,就在采

访的时候问他，听说您一直是站着工作的？他是这样回答的："我50年的演员生活告诉我怎样维持演员的状态，这是我的工作习惯，我必须在这个戏里做好，否则下一部我就没活干了。"这就是高仓健的努力精神，就是这样的精神让他不负众望，在时隔20年，又一次成功地征服了中国观众的心。他的表演已经不需要深沉的台词跟演技，就那么自然而然的，用他的动作、表情，甚至一个背影把老年丧子，却依然执着地期盼儿子的理解的老父亲的形象表达得淋漓尽致。他那无声胜有声的表演成为这部影片的精髓。

如今，时隔6年又重返银幕的高仓健主演的电影《只为了你》即将公映。片中，他饰演一名为追悼亡妻踏上旅程、行走1200公里的痴情男人。

当记者对他采访演这部片子的感受的时候，他告诉记者，演这部电影最难忘的就是一句话："终于又见到了美丽的大海。"这句话是演员大泷先生的台词。当时他读剧本的时候，觉得这句台词太短而且过于平凡。可是当听到大泷先生说出台词的瞬间，却在内心深处受到了强烈的震撼。深刻体会到剧作家写了多么伟大的一句台词，这就是一个名演员的灵魂的魅力所在。能够让作品的内涵主题通过语言深刻地再生。通过这件事，高仓健改变了本来想把这部电影作为自己的息影之作的想法，他告诉记者说："我还要继续努力。"

逐梦箴言

高仓健，这个曾被表演老师说成"不适合当演员"的演员，凭借着"一定不要放弃，总有一天会实现自己的愿望"的执着信念，怀着对电影的敬畏、热爱和坚持，最终成为了日本影坛大师级人物。

知识链接

《追捕》

　　电影《追捕》是根据小说《穿越激流的人》改编、拍摄而成的。改编后的电影在情节上更加跌宕起伏。该片摄制于1976年,高仓健主演,佐藤纯弥导演。20世纪80年代初,《追捕》在中国大陆上映,给中国观众带来了空前的震撼。跌宕起伏的情节、紧张急迫的音乐使本片成为当时观众心目中的经典,也使高仓健成了亿万中国观众心目中的首席日本偶像。这部影片是中国观众最熟悉的日本演员高仓健的鼎盛之作。

高仓健

■ 从"超级龙套"到"喜剧之王"

曾经，他是活跃在香港演艺圈里的超级龙套，经常在一些电视剧中扮演诸如"宋兵乙"、"金兵甲"一类的小人物。

如今，他已是享誉国际的电影明星，由他担纲主演的电影屡破票房纪录，由他开创的"无厘头"文化成为香港文化的重要一环，他甚至被戴上了"后现代主义电影大师"这样至高无上的桂冠。

他，就是香港影坛的喜剧之王——周星驰。

回溯周星驰从影之初的旧时光，很难想象，这个毛头小子会成为在香港电影发展史上占据重要地位的、里程碑式的巨星。

1962 年，周星驰出生在香港的一个内地移民家庭里。虽然过着清贫的生活，但周星驰的妈妈每逢周末都要领着孩子们去剧院看电影。周星驰特别喜欢卓别林的电影，一部《城市之光》他看了不下三遍。同时，他也深深地迷上了李小龙，常常模仿李小龙在家中练拳。周星驰最初的梦想是长大了当一名武师。为此，他还曾偷偷地练过铁砂掌和咏春拳。

那个时候，正是香港电视发展的黄金时代，爱好武功的周星驰在电视剧的伴随下长大，痴迷其间，又渐渐萌生了当演员的想法。他拉着好朋友梁朝伟和他一起去报考无线电视台艺员训练班，结果，就像那种戏剧化的电影情节一样：陪玩的梁朝伟一举高中，热情澎湃的周星驰却落了榜。

一年之后，梁朝伟已经小有名气，在电视中有了自己主持的儿童节目——"四三〇穿梭机"。而痴心不改的周星驰仍在想办法报考，为了让自己显得更高点，一米七三的他花掉一个月的工资买了一双高跟鞋。不过，最终周星驰还是在邻居的帮助下才如愿以偿，得以进入无线电视艺员夜间训

练班学习。1983年结业后,周星驰成为无线艺员。这一年,人气爆红的梁朝伟辞去了"四三〇穿梭机"的主持人工作。这样,周星驰就有了一个机会,他接替梁朝伟,在这档儿童节目中默默无闻地做了六年的主持人。

虽然有了糊口的饭碗,但做主持人毕竟不是周星驰的心之所愿,他清楚地知道,自己必须学会忍耐。周星驰没有忘掉曾经的梦想,工作之余,他天天去看电影,看书,研究关于演技上的东西,研究表演方法的流派,一有机会就跟人讨论演技是怎么一回事,悄悄地为自己积蓄着能量。他说:"那时我整天钻研演技,观察别的演员表演。"

其间,周星驰也参演了一些电视剧,只不过都是些无足轻重的小角色,换句话说就是跑龙套。在那部著名的由黄日华和翁美玲主演的83版《射雕英雄传》里,刚满20岁的周星驰为自己争取到了一个"宋兵乙"的角色,这已经是他第十次跑龙套了。剧中,周星驰没有一句台词,刚一亮相就被梅超风一掌劈死。周星驰跑去和导演商量,能不能我先用掌挡一下,第二掌再打死我?但当即被导演否决了。之后他还是不断地提出自己的看法,当然也被一再地拒绝。这个希望多挡一掌的跑龙套演员,在此时对演戏已经达到痴迷状态。

在电影《喜剧之王》中,我们看到了跟上面这个情节相似的一幕。周星驰曾说:《喜剧之王》已诉尽我当年的经历,情节是虚构的,但感受是真实的。"剧中的尹天仇在剧组里跑龙套,跑得分外卖力认真,但他的专业精神却在这些情境里被凸现成了一种累赘和一个讽刺,他的屈辱和挫败也一次次不动声色地被重复,人人都叫他"死跑龙套的",而他只是不厌其烦纠正对方:"其实我是一个演员。"虽然历尽坎坷和辛酸,但毕竟"是金子早晚会发光的",这个很长时间里相当失意的男人,终于等来了他生命中的第一个贵人——万能电影公司大老板李修贤,这位著名电影制作人送给周星驰一个演艺生涯中最宝贵的转折点:邀他在自己的新片《霹雳先锋》里扮演一个浪荡江湖的小弟。

真正的千里马,有时候需要的只是一个伯乐和一个让他肆意驰骋的机会。没有几个演员的影坛处女作能像周星驰在《霹雳先锋》中的表演那样驾轻就熟、圆转如意,根本看不出是一个初登银幕的新人。

这部影片让周星驰拿到了金马奖最佳配角奖,也获得了影坛的更多关注。此后，由他主演的《赌圣》《赌侠》《逃学威龙》《审死官》《功夫》等影片一次次打破票房纪录，"星爷"与成龙和周润发一起成为香港电影票房的保证，并且以他那独特的表演风格开创了"无厘头"文化，甚至被作为一种文化现象来反复解读。

如今大名鼎鼎的周星驰，已经兼导演、编剧、电影监制以及电影制作人于一身，甚至在一些大学里还享有客座教授的位置。对于他未成名前那个漫长的等待，周星驰总结说："我的奋斗史，不是独一无二的，社会上比比皆是……像我们这些个普通大众，如果不是靠着信念、斗志，怎能做出成绩？"

是啊，每个人都不妨扪心自问：像我们这些个普通大众，如果不是靠着信念、斗志，怎能做出成绩？

逐梦箴言

同周星驰的很多电影一样，周星驰本人的成功经历也是一部鲜活的励志片。他在成名之前经历了漫长的等待和积累，但他却愈挫愈奋，永不退缩，终于成就了后来大名鼎鼎的"星爷"。

知识链接

"无厘头"文化

"无厘头"文化是 20 世纪 90 年代在香港突然兴起的一种次文化，以艺人周星驰为当中的佼佼者。"无厘头"文化基于草根阶层的神经质的幽默表演方式，利用表面毫无逻辑关联的语言和肢体动作，表现人物在矛盾冲突中所表现的令人意想不到的行为方式，往往滑稽可笑。"无厘头"文化通过香港喜剧影视作品的流行而发展，被华语地区广泛接受，并成为被 20 世纪 70 年代后出生的年轻人广泛接受并喜爱的喜剧艺术表演形式。"无厘头"文化一直主导香港的娱乐文化十余年，直到亚洲金融风暴后才慢慢消退。

我的未来不是梦

■ 有信念永远都不会输

对好莱坞片商来说,21世纪最保险的买卖有两样:一是魔幻电影,二是威尔·史密斯主演的电影。

作为当今好莱坞片酬最高、唯一能与丹泽尔·华盛顿一争高下的黑人影星,今年44岁的威尔·史密斯是少数在美国三大主要娱乐媒体——电影、电视和音乐方面同时获得成功的艺人,堪称好莱坞的"完美传奇"。和他合作《我是传奇》的导演法兰斯·劳伦斯曾慨叹道:"哪有人像他那样既帅又聪明,夫妻恩爱、儿女出色、事业成功,随时都快活有劲。如果不是威尔真的很讨人喜欢,这样十全十美会让人气愤老天不公平。"

威尔·史密斯1968年出生于美国一个中产阶级家庭,父亲从空军退役后从事制冷工程师的工作,母亲则是一家学校的管理人员。在孩童时代,父亲对他的成长影响很大,用他的话讲:"父亲是个非常刻板的人,但从不会用大道理教育我们,而是总能用一些身边的小事让我们懂得道理。"

威尔·史密斯的演艺天分似乎与生俱来,在上小学的时候,他因费城西部的圆润口音而获得"王子"绰号。12岁那年,他在"王子"前面加上"新鲜"二字,从此便以"新鲜王子"的称号和本身所具有的迷人气质独步说唱乐坛。

他和杰夫·汤恩斯搭档八年,发行了两张白金唱片,作为在美国音乐饶舌界拥有重要影响力的人物之一,他分别在1988年、1991年、1997年和1998年获得四项格莱美音乐奖。由于格莱美在1988年才开始设置饶舌类

的奖项，而且当年只设置了一个奖项，所以威尔·史密斯和他的音乐搭档成为格莱美历史上第一个饶舌类奖项的获得者。

威尔·史密斯不仅嗓音出众，而且书读得也是有声有色。许多媒体曾报道说他拒绝过麻省理工学院的奖学金，但威尔·史密斯在接受《读者文摘》的专访时否认了这件事。他说："我母亲在费城的教育局工作，她有一个朋友曾是麻省理工学院的入学审查员。我的 SAT 分数很高，而他们也想要招收黑人小孩，所以或许我可以去就读。但我的志向是演艺事业，从来没有念大学的想法。"

尽管如此，能得到无论是在美国还是全世界都有着重要影响力的名校青睐，他在学业上的实力可见一斑。

在乐坛获得巨大成功之后，威尔·史密斯向几家演艺公司主管表达了进军演艺界的意愿，这其中就包括华纳总裁班尼·梅迪纳。

梅迪纳的人生经历相当有戏剧性，他虽然出生在洛杉矶的贫苦家庭，却在贝佛利山庄的一个富人家庭度过了青少年时期。他当时正计划根据亲身经历拍一部电视剧，威尔·史密斯进入了他的视线。据好莱坞内部人士透露，威尔·史密斯在试镜时剧本念得十分精彩，美国国家广播电台当场拍板决定上戏。1990 年，《贝莱尔的新鲜王子》开始播放，该剧不仅深受广大观众喜爱，而且一播就是 6 年。

作为一举成名的童星，威尔·史密斯最初只是一个说唱乐小子，而后逐渐转型为演员、电影制作人，到现在他已经是一个能独自撑起一个娱乐产业的大亨。他有一个很简单的人生哲学：我能做到。"从父亲那里，我学会去寻找这个世界的模式，生活中的规律，并加以运用使其为我的生活创造便利。而从母亲那里，我知道了知识的重要。而且我发现了一个永远不变的事情，如果你下定决心，你就一定能做到。"

从说唱乐跨入好莱坞的银幕，威尔·史密斯说他靠的是父亲言传身教，"我的父亲曾在军队服役，所以他认为世间万物都有一定的规律。我很喜欢学习宇宙万物的运行模式和规律。当我和我的合伙人说，我想成为这个世界上最出名的电影明星时，他以为我疯了……"

出乎很多人意料的是，威尔·史密斯真的就去研究了当时10个最热的电影。他在《独立日》首映式接受媒体采访时说："当下10部最卖座的电影都有特效或动画，9部是有特效或动画描绘人或动物的，8部是有特效或描绘人或动物的动画并有着爱情故事，所以我们制作了《独立日》这部电影。当你找出这些规律并运用后，就会发现自己变得很幸运。"

威尔·史密斯的电影虽然很卖座，但他迄今为止只获得过两届奥斯卡金像奖最佳男主角提名和两届电影电视金球奖剧情类最佳男主角提名。真正让他登上领奖台的只是诸如儿童选择奖、人民选择奖和青少年选择奖等一些不为国内影迷所熟悉的奖项。

在《人物》杂志"全球最性感男星"的榜单里，已大腹便便的丹泽尔·华盛顿在银幕上奔跑已经显得吃力，而44岁的威尔·史密斯却仍旧保持着良好的身材，喜欢长跑的他也将这一爱好当作人生的信条。他对此有一个十分恰当的比喻："大多数和你竞争的人不会用尽100%的努力，如果你和只会做87%努力的人比赛，你一定会赢。如果你不巧和迈克尔·乔丹比赛，尽管输了也能超出平时的成绩。"

他曾在一首歌中写道："生活的诀窍就像你在一个跑步机上，如果你计划跑3英里却只跑了2英里，我就不会担心输给你。因为当我说我计划跑3英里时，我会跑5英里！当你有这样的信念，你永远都不会输。"

这，或许就是威尔·史密斯对成功的最好诠释吧。

逐梦箴言

信念是一个人灵魂深处一种不可战胜的力量，这种力量看似微乎其微，但它却可以左右一生的命运。威尔·史密斯成名于音乐，闻达天下于影视，靠的就是一种"不达目的不罢休"的信念。

知识链接

儿童选择奖

每年一度的"儿童选择奖"设立于 1987 年,堪称儿童节目的"奥斯卡奖"。直到颁奖晚会举行的当天,孩子们都可以通过网站和电话投票,选出他们最喜欢的电影、电视、音乐和体育明星等。

人民选择奖

人民选择奖是代表美国广大娱民意志的重要奖项,所有的获奖者都是由观众通过互联网投票选出的,与娱乐业内人士和媒体记者、评论家无关,也为国内观众观看美剧提供了参考。

青少年选择奖

美国青少年选择奖是由福克斯推出的一项年度电影奖,本奖项用来表彰和奖励本年度在音乐、电影、体育、电视和流行领域所取得的成就,参加本奖项的投票者都是年龄在 13 至 19 岁的青少年。

■ 成功要靠努力扭转命运

"体格强壮、轮廓鲜明、略带些谢顶的他向世人展示了这样一个典范，即只要做自己喜欢做的事情并充满决心和信心去达到目标的话，每个人都能够创造自己的命运。一个真正的男子汉，而非商业化的英雄。"这是好莱坞官方网站对布鲁斯·威利斯的评价。

在英俊小生和酷男层出不穷的好莱坞，他25年来片约不断，几乎每部影片都顺理成章担纲男一号，一次又一次地以救世主般的面容出现在爆破、枪战，乃至拯救国家和世界的舞台上。

布鲁斯·威利斯1955年出生于美军在前西德驻扎的一个军事基地，2岁时跟随退役的父亲移居新泽西州，并在那里度过了童年和少年时代。

他从小就对表演有着浓厚的兴趣，然而在十几岁时却患上了严重的口吃，几乎不能完整表达一个句子。布鲁斯·威利斯不想被口吃束缚，于是报名参加了学校的话剧演出。

奇迹出现了！当他站在舞台上表演节目时，竟然没有一点儿口吃，这出乎所有人的意料。自此之后，无论在台上扮演什么角色，布鲁斯·威利斯从没有结巴过，这无疑激发了他强烈的表演欲望，上台表演成为他儿时最大的向往和快乐。最终，他战胜了口吃，上大学后，他更是把"成为一个专业演员"当作自己的发展方向。大学期间，布鲁斯·威利斯积极参与表演，甚至跑到百老汇戏院去参加演员甄选。对表演的狂热让他大三就辍学搬到纽约，却只能在一些片子中扮演丑角和并不太起眼的小角色。

1987年，在布莱克·爱德沃兹执导的荒诞喜剧《盲目约会》中与金·贝辛格演对手戏，让布鲁斯·威利斯真正走到台前。影片获得了不错的票房收入，但并没有让他成为一个炙手可热的大明星。

在好莱坞似乎有这样一条规律，越是不被人看好的演员，日后发展的前景就越好。布鲁斯·威利斯虽然相貌不出众，个子不高，身材不能与史泰龙、施瓦辛格媲美，但是他坚定地走自己的路，对于旁人的闲言碎语置若罔闻。

1988年，布鲁斯·威利斯在《虎胆龙威》中出演硬汉警官约翰·麦克莱恩。在影片中，他将这个人到中年、婚姻事业都遭遇危机、生性粗鲁还大男子主义的小人物刻画得淋漓尽致，在人类面临灾难的时刻，他以勇者身分降临，拯救了国家，也拯救了爱情。影片一炮而红，票房一路飙升过亿。布鲁斯·威利斯参演《虎胆龙威》的片酬高达500万美元，是当时好莱坞演员中最高的，他也因此一跃成为好莱坞最炙手可热的明星。在拍摄影片《看谁在说话》时，布鲁斯·威利斯的片酬达到1000万美元，凭借他的强劲势头，这部影片也创下了2.9亿美元的高票房。

布鲁斯·威利斯是一位多产明星，他从1988年到1995年拍摄了11部影片，达到其事业巅峰期。但辉煌之后必有沉寂，他虽然不间断地拍戏、接戏，其中也不乏像《第五元素》《水银蒸发令》这样让人眼前为之一亮的影片，但与他昔日的荣光相比，这样的成绩实在不能算得上完美。他拍摄的其他影片票房也逐渐低迷，一度还被评论界认为是"票房毒药"，刻薄的影评人说："我不知道电影公司花多少钱请他来演，但是电影公司值得花更多点钱请他不要演。"

1998年，青年导演迈克尔·贝的一部《绝世天劫》响彻全球，超过5亿美元的全球票房佳绩，让布鲁斯·威利斯再一次找到了当票房冠军的感觉。他无可争议地出演剧中"男一号"，虽然片中云集了本·阿尔弗雷克、丽芙·泰勒等众多一线红星，但主角只有一个——布鲁斯·威利斯，他才是影迷心目中真正的英雄。

1999年，他参演了奈特·沙马兰执导的《第六感》，这只是沙马兰独立

执导的第三部剧情长片，谁也没有料到在当年会获得巨大成功。这部影片在全球获得了6.7亿美元的巨大收益，本土票房收入也达到2.9亿美元，仅次于当年大热的《星战前传1·幽灵的威胁》。

沙马兰在剧中设置了难以想象的惊奇悬念，让观众疯狂地爱上了这部难得一见的悬疑鬼片。沙马兰聪明地运用了极佳的电影语言，让这部电影的每一个细节都无懈可击。布鲁斯·威利斯也在戏中展现了他久违的演技，成功拓宽了戏路。

如今的布鲁斯·威利斯虽然已不复当年之勇，但他依然能在50多岁"高龄"时将一身发达的肌肉奉献给影迷。之所以能上演这幕"绝地反击"的好戏，与他青年时代的家庭经历不无关系。20岁时，他失去了两个亲人：弟弟因横穿高速路被飞驰的汽车撞上，在医院躺了6个多月后离开了他所依恋的世界；不久，姐姐也被诊断出患有恶性淋巴瘤，带着痛苦和无奈离开了人世。这让他懂得了人的一生充满了无奈和脆弱，痛苦与灾难随时会降临到某个人的头上。要生存就必须忍受痛苦，只有闭上双眼的时候，痛苦才随即消失。"在年轻的时候，我就知道人生苦短的道理，就算你能活到85岁、90岁，那也是一眨眼的时间。你所能做的就是把握现在，不要推迟快乐。"

逐梦箴言

努力不一定成功，但要成功必须努力！布鲁斯·威利斯从一个"口吃男"，成长为好莱坞动作片天王巨星，期间付出多少艰辛，想必只有他自己最清楚。25年来，他一次又一次以救世主的姿态出现在拯救国家和世界的舞台上，为的就是实践"人生苦短，把握现在"这一人生哲理。

知识链接

百老汇

百老汇大道（Broadway）是纽约市重要的南北向道路，南起巴特里公园，由南向北纵贯曼哈顿岛，全长 25 公里。由于百老汇大道两旁分布着为数众多的剧院，是美国戏剧和音乐剧的重要发源地，也是美国商业性戏剧娱乐中心，因此"百老汇"成为美国戏剧及音乐剧的代名词。现在，"百老汇"实际上有三个含义：第一个概念是地理概念，指纽约市时报广场附近 12 个街区以内的 36 家剧院；第二层含义是在百老汇地区进行的演出；第三层含义是整个百老汇这个产业，这样的产业也包括在纽约市以外的地区，主要以演出百老汇剧目为主的这些剧院。总的来说，百老汇是西方戏剧行业的一个巅峰代表，在戏剧和剧场这个行业代表着最高级别的艺术成就和商业成就。

智慧心语

我得到了许多机会,也曾失败过许多次,但我从挫折中学会了成功。

——西尔维斯特·史泰龙

高超的演技跟我无缘,我只有拼命地接受挑战。

——高仓健

像我们这些个普通大众,如果不是靠着信念、斗志,怎能做出成绩?

——周星驰

如果你下定决心,你就一定能做到。

——威尔斯·史密斯

失败也是我需要的,它和成功对我一样有价值,只有在我知道一切做不好的方法以后,我才能知道做好一件工作的方法是什么。

——爱迪生

第七章

苦难磨砺，终生财富

汤姆·克鲁斯

德国最伟大的音乐家之一、被尊称为"乐圣"的贝多芬说:卓越的人一大优点是:在不利与艰难的遭遇里百折不饶。逆境往往造就天才,奇迹常常在厄运中出现。所以,请笑对你生活中的苦难吧,咬紧牙关,坚持下去。只要生命还在,每一天的太阳都会照常升起。

苦难和不幸，是磨砺更是财富

1915 年 8 月 29 日，一个美丽的小女孩儿出生在瑞典首都斯德哥尔摩。她的爸爸妈妈给这个心爱的女儿取名英格丽·褒曼。

在爸爸妈妈的精心呵护下，英格丽·褒曼健康快乐地成长。然而，天有不测风云，在她 3 岁的那一年，亲爱的妈妈因突发胃病而撒手人寰。失去了母亲的孩子就像是失去了阳光雨露的花朵，英格丽·褒曼的性格渐渐变得沉静、内敛。她喜欢静静地一个人发呆，即使是家里来了亲戚朋友，大家在一起高谈阔论、谈笑风生的时候，她也是安静地坐在房间的角落里，沉默寡言。

女儿卑怯的样子让爸爸看在眼里痛在心中。英格丽·褒曼的爸爸加斯特斯是名摄影师，他常常拿着照相机给家里人拍照。为了让女儿快乐起来，他经常招唤她："来，宝贝儿，到镜头前面来。"

英格丽·褒曼慢慢地挪到爸爸身边。每当她面对着照相机镜头的时候总是莫名地紧张，手足无措。爸爸看出了女儿的拘谨，就教她如何放松，如何在镜头前面表现出自己的自信和美丽。在父亲的关心、爱与帮助下，英格丽·褒曼渐渐走出了失去母亲的阴影。她的笑容多了起来，也愿意说话了。她渐渐走出了屋子，可是好景不长，在她 12 岁的时候，慈爱的爸爸也因病去世了。

一个 12 岁的孩子，遭受到失去双亲的打击，她的世界一时间黯淡无光。成为了孤儿的褒曼被送到叔叔的家里，跟着他一起生活。生活在叔叔

我的未来不是梦

身边，英格丽·褒曼的性格又回到了自闭的状态。她没有安全感，跟谁都不亲近。她很抗拒与人沟通，经常沉浸在自己一个人的世界里面。家里的家具和她的布娃娃玩偶都成了她说话的对象。

遗憾的是，6个月后，这个叔叔死于心脏病。褒曼又被另一个叔叔和婶婶收养了，成为了他们的"第5个孩子"。幸福家庭的气氛让褒曼感到温馨和依赖，也常常让她想到自己的悲惨身世，她小心翼翼地生活在大家庭里，尽量不去打扰别人，一个人默默地忍受着孤单和寂寞。

有时候，她把几个布娃娃玩偶摆成一排，给它们一一起好名字。然后给他们安排好角色，设计好故事，编好台词。她安排他们生活在一起，之间发生好多有趣的事件，他们有时候也"打架"，也会"道歉"，然后和好如初。

孤寂的童年造就了褒曼对表演的浓厚兴趣。14岁的时候，她就在日记中记录下了她的梦想：有朝一日能站在家乡的舞台上，观众们为自己热烈地鼓掌。高中毕业她考入瑞典皇家戏剧学院，在校其间便开始了她的表演生涯。

24岁那年她来到美国，拍摄了影片《插曲》，受到了广泛好评，就此在好莱坞站稳了脚跟。在好莱坞其间，英格丽·褒曼主演了众多脍炙人口的影片，其中包括《卡萨布兰卡》、《美人计》、《煤气灯下》、《圣女贞德》等。英格丽·褒曼在这些影片里纯朴自然、本色真实的表演使她成为了美国人心目中的完美偶像，也使得这些影片成为了电影史上的经典之作。她也因为在《煤气灯下》一片中的出色表现而赢得1944年奥斯卡最佳女主角奖。

为了演好《圣女贞德》，褒曼翻阅了几乎所有关于贞德的文献资料，读遍了有关贞德的剧本。在美国演出的时候，杰出的现实主义戏剧作家萧伯纳也曾把自己创作的剧本《圣女贞德》寄给褒曼，但是褒曼却没有采纳。她认为萧伯纳把圣女贞德写得不够真实可信，太高大完美，太戏剧化了。

有一次，萧伯纳邀请褒曼到自己家里做客，一进门就质问她为什么不肯采纳自己的剧本。褒曼直率地回答："因为我不喜欢它。"92岁高龄的老剧作家听了哈哈大笑，把褒曼请进了房间，奉之以咖啡点心，然后他们一起饶有兴趣地讨论起关于戏剧创作和表演的话题。

就在褒曼的演艺事业正处在高峰期的时候，她的情感生活却起了波澜。1948 年，作为有夫之妇的褒曼和已经有家室的意大利导演罗伯特·罗西里尼相爱了。褒曼以情人的身份给罗伯特·罗西里尼生了一个儿子。尽管后来他们各自离婚，并举行了一场奇异的婚礼——他们缺席并且让人代替他们两个在墨西哥举行了婚礼仪式，但是从那时起，她不再是人们心目中贞洁的女神，一度成为媒体和公众批评、唾弃甚至辱骂的对象，好莱坞也开始排斥她。这之后的 7 年时间里，她只在罗西里尼导演的电影中出演角色，但是影片都不是很成功。

这段轰轰烈烈的爱情几乎葬送了她的事业。

1955 年，在朋友的帮助下，她得以在美国影片《真假公主》中饰演女主角。凭借着在影片中杰出的表现，褒曼获得了 1957 年的奥斯卡最佳女主角奖。这说明，"美国人最终原谅了她，并且不得不接纳这位真正的艺术家"。

苦难和不幸，有时候是强者的进身之阶。童年的不幸和中年时事业的波折对英格丽·褒曼来说，都是她一生的财富。

逐梦箴言

苦难和不幸，对一些人来说就是灾难，而对另一些人而言，是磨砺更是财富。成功不会因为苦难和不幸青睐过某些人而不肯眷顾这些人，如果你有足够的勇气，那么，请耐心等待吧。

知识链接

《卡萨布兰卡》
电影《卡萨布兰卡》拍摄于 1942 年，当时正值第二次世界

我的未来不是梦

大战白热化阶段。本片可说是适时诞生的电影佳作,一经放映便取得了巨大的成功。1942 年华纳兄弟公司请罗纳德·里根(没错,就是后来的里根总统)和安·谢里丹在一部二战的影片中担任男女主角。因剧本的问题,两人均退出了剧组,替代他们的是英格丽·褒曼和亨弗莱·鲍嘉。他们成功地演绎了发生在战争期间的动人的爱情故事。虽然剧本一改再改,但英格丽·褒曼和亨弗莱·鲍嘉的表演令世人难忘。那个曾被认为是最糟糕的剧本成为了好莱坞不朽名片的蓝图。《卡萨布兰卡》获得 1944 年第 16 届奥斯卡三项金像奖:最佳影片、最佳导演和最佳剧本。

英格丽·褒曼

■ 有志者事竟成

好莱坞从来不缺少型男，在犹如银河一般璀璨的群星之中，如果有人问谁是好莱坞当今最具票房号召力的新一代性感偶像，相信不少影迷都会想起布拉德·皮特。

1995年和2000年，布拉德·皮特曾两度问鼎美国《人物》杂志"全世界性感男人榜"，有着一头金色长发和一双蓝眼睛的他，始终带着迷人的微笑。虽然经常不修边幅，却一点儿不失俊帅本色，他甚至被人称为"上帝创造的杰作"。

布拉德·皮特1964年12月出生于美国俄克拉荷马州，父亲是一家卡车公司的老板，母亲是位家庭主妇，他有一弟一妹，幸福的家庭给他带来的是快乐的童年。

1981年高中毕业后，布拉德·皮特顺利进入密苏里大学主修广告设计，也许是突发奇想，他忽然发现"自己最想做的是演员"，于是毅然放弃了大学学业，只身飞到洛杉矶去寻找他的明星之梦。和许多青年影星经历不同的是，皮特在离开大学前往洛杉矶之前，从未参加过任何演出。

布拉德·皮特的演艺之路并不顺利，由于在学生时代没有任何表演经历，单凭一股冲劲无法说服那些挑剔的制片人，初来乍到的他四处碰壁。雪上加霜的是，因为他一意孤行终止学业，父母停止给他提供生活费。当时的他不仅要等待上镜机会，而且还要一方面打零工养活自己，另一方面报名参加表演学习班，进行系统的表演课程学习。

我的未来不是梦

"就算事情出了岔，他也能力挽狂澜，这是典型的布拉德·皮特。"《星期日泰晤士报》曾这样评论他。

为了解决生活和学习费用来源的问题，他在洛杉矶不停地变换工种，他做过清洁工、侍应生、舞女保镖，甚至在炸鸡店门口扮成一只公鸡，向路人散发广告传单，把打工挣来的钱交到数个演艺培训班老板手里。

1983年，布拉德·皮特从表演学校毕业，到片场毛遂自荐，做起了临时演员。他是那种一进片场就浑身来劲的演员，所以很快就在电视界站住了脚，进而以叛逆、迷茫的形象出现在许多电视剧中。

1990年，在好莱坞潜行8年之久的布拉德·皮特终于迎来了成名的曙光。一天，他接到经纪人的电话，通知他去《末路狂花》剧组试镜，这次他要和新星威廉·鲍德温争夺一个搭便车青年的角色。这个角色很容易出彩，因为他能够充分展示一个与众不同的魅力，可惜形象过于负面。威廉·鲍德温权衡再三，最终放弃了这个角色，皮特成为这个角色的唯一候选人。

这部标榜女权主义的《末路狂花》于1991年5月在全美公映，当时就获得如潮好评。尤其是那个搭便车的性感、阳刚青年角色，虽然露面不到16分钟，但充分展示了其性感的面孔和坚实的腹肌，引起了好莱坞和女性观众们的注意。布拉德·皮特也从一个名不见经传的杂务工变成了好莱坞炙手可热的性感偶像。

1992年对布拉德·皮特来说是不平凡的一年。这一年他主演了由著名演员兼导演罗伯特·雷德福执导的影片《大河奔流》。这是一部浪漫而深情的影片，他富于青春激情和收放自如的表演，令影片增色不少。明星出身的导演罗伯特·雷德福演技高超，对布拉德·皮特影响颇深。罗伯特曾被称为美国第一美男子，因此布拉德·皮特的纯真笑容也使其"罗伯特·雷德福的接班人"的绰号不胫而走。

《大河奔流》的成功，让布拉德·皮特真正迈入了好莱坞一线明星的行列。更为欣喜的是，他在演戏方面越来越能找对感觉，人们觉得他更适合扮演那种充满野性和爆发力的角色。

布拉德·皮特在打拼事业的过程中，也经历过低潮。一次在接受《名

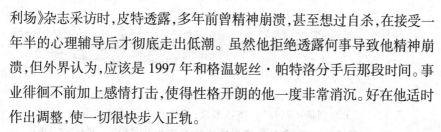

利场》杂志采访时，皮特透露，多年前曾精神崩溃，甚至想过自杀，在接受一年半的心理辅导后才彻底走出低潮。虽然他拒绝透露何事导致他精神崩溃，但外界认为，应该是1997年和格温妮丝·帕特洛分手后那段时间。事业徘徊不前加上感情打击，使得性格开朗的他一度非常消沉。好在他适时作出调整，使一切很快步入正轨。

现在的布拉德·皮特，早已懂得选择票房炸弹而不是票房毒药的角色。在回顾这一低潮期时他说："演错一部电影很烦人，演错第二部就是愚蠢；第三次再错，就死了。我拍过失败的作品，比如《梦幻强尼》，现在恐怕没人记得这部片子了，还有《墨西哥人》等。当时我的私人生活也处于非常动荡的状态。所幸现在有更令人激动的剧本和更令人尊敬的我想与之合作的导演。"

布拉德·皮特不仅具备了偶像明星的外形，更具备了超级勤奋的特质。骨子里，他始终是一个勤奋踏实的美国中西部人。小时候，他的父亲每周工作6天，多年来一直如此，布拉德·皮特深为父亲的勤劳而骄傲，也一直声称父亲时刻影响着他。

从影多年以来，布拉德·皮特先后获得了威尼斯电影节最佳男主角、金球奖最佳男配角、美国国家影评人协会最佳男主角等多个奖项。

在戛纳电影节接受采访时，他说："做演员不是一个爱好，是一份职业，它要求你守纪律、勤奋、尊重他人。很多业内人士不太明白这些字眼的真正涵义。对我来说这些词语是非常重要的。迄今为止，我把一半生命都投入到演戏中了。一部电影一般拍摄三四个月，拍摄时的那种高强度让我非常上瘾。"

我的未来不是梦

逐梦箴言

有了志向，便是成功的一半。布拉德·皮特虽然被称为"上帝创造的杰作"，演技出众，但多年前也曾精神崩溃，甚至想过自杀，可是他凭借着坚定的信念走出了阴影。布拉德·皮特用他的实际行动很好地诠释了"有志者事竟成"的真谛。

知识链接

票房毒药

票房毒药是指一些名气很大、演技也得到公认的演员，当他们主演的电影在票房上赔本或者市场惨淡的时候，他们往往被称为票房毒药。票房毒药产生的原因是多方面的。首先是因为选错了剧本，有的演员名气很大，但不适合演这个角色；其次是演员选择的电影投资方运作不善，导致电影票房失利；再次，电影故事和细节粗制滥造。作为演员，最大的悲哀就是被别人称为"票房毒药"，不过有的时候，明星的人气似乎与票房成绩的好坏并没有太多的直接联系，不少大牌明星如周润发、章子怡、妮可·基德曼、尼古拉斯·凯奇等都曾经被称为"票房毒药"。

■ 带着幽默感去思考

有一种人，他的样子长得帅，既会做戏又会做人，你想不出他除了当明星还能干什么。汤姆·克鲁斯就是这样的人。

他俊秀的面孔犹如冬日的阳光一样温暖，帅让汤姆·克鲁斯一举成为好莱坞一线巨星，在忠实影迷眼里，他是好莱坞的"万人迷"，甚至是好莱坞的象征。

汤姆·克鲁斯 1962 年出生在纽约，父亲是电气工程师，母亲是位话剧演员。作为家里唯一的男孩，妈妈和两个姐姐对他十分宠爱。他从小就迷恋电影里的情节、动作和历险记，一有机会就在餐桌前给大家表演，开始是模仿一些卡通人物，后来，他的模仿对象升级为"猫王"、亨弗莱·鲍嘉等当红明星。

由于生活所迫，汤姆·克鲁斯在学生时代跟着父母至少搬过十几次家。那时候他的学业非常糟糕：这不仅是因为他患有诵读困难症，而且不断转学也使他很难掌握学习方法。12 岁那年，父母离了婚，他成为家中唯一的"男子汉"。

18 岁时，汤姆·克鲁斯辍学去了纽约，每日以热狗和米饭充饥，生活起居像"丛林里的动物"。他搜寻着每一次试镜机会，但均以失败告终，理由要么是"不够英俊"，要么是表演"热情得过了头"。

为了能继续自己的演艺事业，汤姆·克鲁斯很不情愿地低下高昂的头，开口向继父借钱。他在曼哈顿的演艺圈里虽然勉强能够立足，但他需

要钱来支付房租和日常开销。他向继父借了850美元,答应以非正式的分期付款方式偿还这笔钱。口袋里有了钱,他找到一间小公寓,和另一名正在奋斗的演员合租。向继父借的钱不够日常开销,他还兼任那座公寓的看门人和清洁工,在一家餐厅当侍者,干着扫地、抹桌子的活儿,夏天还当过装卸工。

1981年,汤姆·克鲁斯为了争取在一部情景喜剧中扮演一个小角色,长途跋涉来到洛杉矶。试演经过让汤姆·克鲁斯感到困惑。他去导演办公室对了台词,效果很"糟糕"。导演问他打算在洛杉矶待多久,他心里想,也许他们会叫自己去再对一遍台词,就回答说,他准备多待几天。"很好,那你就在这儿好好晒晒太阳吧。"对方这样应了一句,立刻把他送出门去。

他后来回忆说:"我出了门,心想,这可真是太滑稽了。我捧腹大笑,笑得眼泪都流了出来。我想:这就是好莱坞。汤姆·克鲁斯,它竟然这样欢迎你。"

然而,汤姆·克鲁斯这次洛杉矶之行并非一无所获,在这里他遇到了一个名叫保拉·瓦格纳的经纪人,正是他帮助汤姆·克鲁斯一步步走上了明星之路。

在瓦格纳的推荐下,克鲁斯在布鲁克·谢尔兹的失败之作《无尽的爱》中获得了一个没有一分钱片酬的角色。在演完这个后,他搭便车回到新泽西。回家后他便获悉自己又获得了一个小角色,但由于另外一个演员临时退出,他最终出演了一个更为重要的角色。这次突破令汤姆·克鲁斯欣喜若狂,而他轮廓分明的脸也开始被导演和制片人们所注意。

1983年,汤姆·克鲁斯共出演了4部电影。《失贞记》是他第一部担任主角的影片,他在片中饰演一个敏感的大男孩伍迪。沉闷的故事情节和他幼稚的表演令这部电影在票房和评论界双双遭到惨败,不过,这次打击却让他认识到,自己不能成为一个任人摆布的青春偶像。1983年的另一部电影《危险的交易》是汤姆·克鲁斯的成名之作,他所饰演的正处在青年困惑期的富家子形象引起了同时代观众的共鸣。

1986年,描写美国海军战斗机飞行员的青春片《壮志凌云》巩固了汤

姆·克鲁斯的明星地位。英俊的飞行员、疾驶的摩托车、激烈的空战、美丽的姑娘，还有动听的音乐……这部现代英雄神话不知迷倒了多少男少女。但"酷毙了"的汤姆·克鲁斯并未因此飘飘然，他非常清楚，这部以流行乐旋律编排战斗机飞行动作的电影，不过是美国海军的征兵广告，与他的追求相去甚远。

汤姆·克鲁斯在《壮志凌云》后谋求转型，出演了奥利弗·斯通导演的《生于7月4日》。他后来回忆，别人都告诫他这部电影会毁了他的职业生涯，他应该继续出演卖座的商业片，比如《壮志凌云2》。但汤姆·克鲁斯选择了挑战，这部1989年的影片，帮助他获得了第一次奥斯卡影帝提名。

2012年，汤姆·克鲁斯伴随着无数怀疑的眼神和冷言冷语，执意推出自己的新作——《碟中谍4:幽灵协议》。在被好莱坞舆论界宣布"过气"之后，他的公司一度陷入财政危机，他不得不自己出资完成耗资巨大的《碟中谍4》。这种孤注一掷的行为，让业内替汤姆·克鲁斯捏一把汗，因为如果《碟中谍4》票房不佳，他很可能会因此面临破产。而汤姆·克鲁斯执意要自己出演的做法也引来非议，人们认为他已经不具备完成那些高难动作的体力，而且他的身体也不像年轻时那样具有票房号召力。不过，一向意志坚定的他没有理会这些流言蜚语，按照自己的想法完成了《碟中谍4》的拍摄。

如同每一部好莱坞励志片的结局一样，《碟中谍4》令汤姆·克鲁斯大放光彩。他在最近接受专访时表示，这些年他学会最大的道理，就是"带着幽默感去思考，你会发现有些事没你想的那么严重"。

逐梦箴言

善于思考的人,常能见人所未见;敢于思考的人,可化平凡为神奇。汤姆·克鲁斯在遇到挫折时,总是能够积极乐观地面对,沉着冷静地思考,古语"思其艰以图其易"说的就是这个道理。任何有意义的构想和计划都源于思考,而且思考得越痛苦,收益就会越大。

知识链接

奥利弗·斯通

奥利弗·斯通是曾经两度夺得奥斯卡最佳导演奖的美国好莱坞殿堂级的导演。1946 年 9 月 15 日出生在纽约。在少年时期就对电影产生了浓厚的兴趣,青年时期曾在耶鲁大学就读一年,辍学后前往越南在当地教英文,21 岁时参加越战。回国后进入纽约大学电影系就读。早在 20 世纪 70 年代中期,奥利弗·斯通便以其非凡的编剧和导演才华而享誉好莱坞。这位 20 世纪八九十年代活跃于世界影坛的杰出导演,最感兴趣的往往都是那些极为敏感的政治题材和战争题材。在他所导演的所有战争片中,公认的战争三部曲《野战排》、《生于 7 月 4 日》及《天与地》最为经典,成为他反思越战最为直接的一个标本。其中《野战排》在 1987 年第 59 届奥斯卡金像奖的角逐中获得了最佳影片、最佳导演、最佳剪辑、最佳音响等四项大奖,此外还得到了最佳影片、最佳导演和最佳男演员三项金球奖。

■ 落魄是一种创作，也是一种生活

　　著名演员梁家辉是香港电影金像奖、台湾电影金马奖的双料影帝，他演技出色，可塑性强，各种角色都能驾驭，他在历史片、监狱片、文艺片、喜剧片、武侠片、黑帮片中都有精彩演出、经典表现，是演技派男演员的杰出代表，甚至有影迷这样说："评价梁家辉这个演员是一件很困难的事，但如果全世界只有一个人可以把任何题材任何角色演到最好，那么这个人只能是梁家辉。"

　　梁家辉的优秀有目共睹，可是有又谁知道，在成了香港电影金像奖史上最年轻的影帝以后，他还会没有戏拍，要靠出地摊做小贩来养家糊口、维持生计呢？

　　1958年2月1日生于香港的梁家辉在香港理工大学毕业后就加入了无线艺员训练班，在同一期学员中，吃苦耐劳的梁家辉和外形英俊的刘德华被选中跑龙套的机会相对多些，经常被选中去演一些不重要的小角色，虽然有些角色只有一句台词或只有几个镜头，但是梁家辉都用心琢磨，仔细推敲，力争把每一个角色演到最好。训练班毕业后刘德华签约无线，而梁家辉由于形象不出色却只能继续四处跑龙套，做杂志记者、编辑、服装模特等。偶然的机会，大名鼎鼎的李翰祥导演发现了这个有天分肯吃苦的年轻人。

　　1982年，李翰祥在北京给梁家辉打来电话，让他去北京给自己帮忙。梁家辉以为李翰祥找自己是去当副导演或助理导演。没想到一到了北京，

我的未来不是梦

李翰祥就让他剃了光头去演咸丰皇帝。

银幕上经典的"咸丰"形象就这样诞生了。梁家辉在北京接连拍了《火烧圆明园》和《垂帘听政》两部影片,其中《垂帘听政》为26岁的梁家辉捧回了1984年"第三届香港金像奖最佳男主角"的奖杯。

然而,荣誉并没有给他带来事业上的转机,反而出现了戏剧性的变化。

他没有戏可拍了。

改革开放初期两岸关系还很紧张,台湾跟大陆之间还没有实现现在的"三通",当时台湾文化局有个规矩,凡是在内地拍过电影的演员,在台湾一律封杀。而香港电影大部分都是台湾方面投资,并且发行的最大市场是在台湾,那个时候几乎所有的香港电影都能在台湾取得很好的票房。印尼、马来西亚这些地方的港片市场份额很小,失去了台湾市场,就等于整个亚洲市场都失去了。

《火烧圆明园》是香港与大陆合作在北京拍摄的,梁家辉还拿了影帝,一下子就成了台湾当局的目标。台湾公司让他写悔过书,否则凡有他出演的影片,一律不准进台湾院线,而梁家辉觉得他到大陆拍戏跟他到台湾拍戏是没有区别的,都是中国人的地方。所以拒绝写悔过书。

他不写悔过书,台湾的自由总会就不让他的片子进入台湾。他拍的电影就没有了市场。于是,第一次做主演就凭精湛演技摘得金像奖的梁家辉就这样进入了他人生中最黑暗的日子。所有香港电影公司不敢找他拍片,整个1985年他没得到一份片约。

可生活还是要继续下去,没戏拍,只能改行做别的。梁家辉找来几个搞设计、搞艺术的朋友商量做点小生意。大家七嘴八舌地发表意见的时候,梁家辉把母亲脚踏缝纫机上的皮带绕成圆圈套在自己的手腕上玩。同学见了灵光一闪,"我们可以自制一些皮手镯什么的工艺品去卖"。于是他们买皮带子自己加工,做成皮饰物。晚上到最热闹的铜锣湾去摆摊叫卖。很多顾客觉得梁家辉面熟,都和他说:"你和那个演戏的梁家辉真像。"他就笑笑说:"我就是梁家辉啊!"

虽然不去拍戏,梁家辉并没有放弃自己喜爱的事业。他仔细观察以摆

摊为生的香港底层市民生活，倾听属于他们的一套语言，观察生活中的点滴，为自己的演艺创作积累生活经验和气息。

很多人说那段时间是他最落魄的时候，但是他却说："从我自己的感觉来讲，我不觉得那是落魄，反而觉得是一种创作，也是一种生活。人都要生活的，就算你考试的时候是状元那又怎样，我拿了影帝又怎么样，没戏拍还是要继续生活下去，这也是一种活法。"

是金子总会发光的。

1986年，李翰祥又找到了梁家辉，请他在《火龙》中演绎末代皇帝溥仪的后半生，意大利导演贝纳尔多·贝托鲁齐在看过《火龙》之后，对梁家辉的表演非常赞赏，当贝托鲁齐的同事兼好友让·雅克·阿诺在筹拍由玛格丽特·杜拉斯同名小说改编的《情人》而遍寻一位亚裔男演员不得时，贝托鲁齐向他推荐了梁家辉。

让·雅克·阿诺导演后来回忆与梁家辉的合作时说："我选演员的决定往往都是在一瞬间做的。当门完全打开时，往往我会确切地知道是'完全不可以'，还是'有可能可以'或是'完全可以'。有一种奇迹般的瞬间，不足一秒的时间，你会被告之'就是他或者她'。这种情况发生在布拉德·皮特、裘·德洛、肖恩·康纳利、珍·玛琪身上，还有就是梁家辉。"

《情人》公映后，梁家辉那优雅的身影、抑郁的气质让无数女性为之痴迷。他用传神的演技征服了法国观众，这部影片打破了法国电影两年来的票房纪录。梁家辉从此成功晋身国际影坛。

梅花香自苦寒来，沉浮曲折的事业给了梁家辉多样的人生经历和丰富的人生阅历，如今已塑造一系列观众耳熟能详的角色的他，演技已做到收放自如，是能集潇洒、木讷、嚣张、性感、霸气、斯文、幽默于一身的全方位演员。

逐梦箴言

经历过风雨洗礼的人，才有面对风暴的勇气。正是这些坎坷的经历造就了现在的梁家辉，正如他自己所说，"落魄是一种创作，也是一种生活"，而困苦和磨难对于怀有梦想的人来说更是一种财富。

知识链接

李翰祥

李翰祥(1926—1996)，中国香港电影导演、制片、编剧。早年毕业于北平国立艺术学校。纵横影坛约半个世纪，参与创作了上百部电影，是香港电影史上的杰出人物，是近代中国影史上最重要的电影工作者。李翰祥的工作经历贯穿中国大陆、中国香港和中国台湾地区，他在电影制片、商业票房、电影美学造诣等三方面取得了卓越的成就。代表作品有《西施》、《梁山伯与祝英台》、《火烧圆明园》、《垂帘听政》等。

梁家辉

■ 魅力永恒的"007"

肖恩·康纳利早在 20 世纪六七十年代就因在影片《007》中塑造的詹姆斯·邦德的英雄气慨、绅士风度吸引了亿万观众，成为世界级大明星。时光飞逝到 20 世纪八九十年代，这位已七旬的老先生并没有因年龄而减退自己的魅力，再次走红影坛，接连演出轰动影迷的巨片，堪称一大奇迹。

好莱坞大导演斯皮尔伯格这样评价他："世界上只有 7 个真正的电影明星，肖恩·康纳利就是其中之一。"

1962 年肖恩主演了"007"系列的第一集《诺博士》，从此开创了不朽的"邦德"时代。这部影片改变了他的一生，只要一提起肖恩·康纳利，人们马上会联想到潇洒、机敏的英国间谍詹姆斯·邦德。

肖恩的成长并非一帆风顺，甚至是异常艰辛。

1930 年 8 月 5 日，他出生于苏格兰首府爱丁堡，父亲是一名卡车司机，母亲靠做女佣贴补家用。一家人挤在租住的屋里，没有热水，没有浴室，洗澡要到户外的公共浴室。在一幢楼里搬了三次家，有一次搬到了临街有窗的小屋里，从家里看到了窗外的喷泉桥，这让他着实兴奋了一阵子。清贫的环境令他小时候不知道自己缺什么，因为什么也没有，更无从比较。

读书对他来说也是奢侈的事情。肖恩在自传的开篇章节中这样说："我人生的第一次爆发在 5 岁时来临，70 多年之后，我开始意识到这一点，因为我从那时开始学会阅读，这听上去不足称道，于我，却意味深长。"这些话背后，透射出他埋藏于心底的最大的痛：即便得过再多终身成就奖，银行

账户上的数字有再多的零,有一点始终困扰着他,那就是少得可怜的受教育经历。

肖恩 13 岁辍学谋生,14 岁当手推车工人,16 岁入海军服役,后因疾病被迫退伍。此后,他从事过泥瓦匠、货车司机、棺材匠、救生员和人体模特等形形色色的差事。

童年的肖恩身材瘦弱,并不像后来那么健硕,这缘于他在工作之后参加健身俱乐部,练就一副好体格。后来,他参加了当时在伦敦举行的"世界先生"选拔赛,身材高大、体质健壮的他赢取了"环球先生"的参赛资格,也借此踏入演艺圈。

肖恩成功地在《诺博士》中饰演邦德后,获得了空前的成功和票房,接下来又出演了《俄罗斯之恋》《金手指》《晴天霹雳》等影片,一部比一部卖座。到 1965 年,他已经成为英美两国最具票房号召力的明星之一。

"007"让肖恩出了名,赢得了不计其数的影迷,但是他并不喜欢这个人物。他说:"要是除去那些花里胡哨的东西,他不过是个平庸的英国警察罢了。在真实生活中我如果遇到他,一定不会喜欢他,他跟我根本不是一类人。"与此同时,他扮演的其他角色并未引起应有的重视,于是肖恩决心罢演"邦德"转而尝试其他戏路,但接演的几部影片都不太成功。

时至 20 世纪 80 年代,60 高龄的肖恩迎来了他演艺事业的第二春。他接连拍摄了六七部电影,并且每一部都很成功。1987 年,他因在影片《铁面无私》中扮演正直的老警官马龙获得奥斯卡最佳男配角奖。

有人曾问他,以他这么一个国际明星,为什么会接受配角?他说:"我知道美国明星是不愿意演配角的,我真不明白为什么。如果我认为某件事有独创性、有价值,我就会很高兴去做,不会有什么顾虑。"正如这位"美髯公"在奥斯卡颁奖典礼上所说的那样:"我早在 30 年前就来到这里,忍耐乃美德。这个奖虽说是配角奖,但也是对我整个表演生涯的一种肯定与鼓励……"也许正因为如此,肖恩从影 40 年仍然保持艺术青春。

肖恩的敬业精神也经常被人们所称道。他常说:"我对每一个角色都尽心尽力,绝对不会去饰演一个自己没有摸透的人物。或许在今天的好莱

坞，我的工作有些过时，因为影片留给演员表演的空间越来越少，可这是我对电影的追求，我必须对自己、对观众负责。"

从首次在银幕上扮演"邦德"开始，肖恩经过50多年的演艺生涯，如今已拥有8500万英镑的家产，成为世界上最富有的影星之一。但是，他并没有忘记自己清贫的童年以及为了生计而挣扎的岁月。他并不愿自己的后代坐享其成，为了让同样走上演艺道路的儿子杰森也能自力更生，康纳利"狠心"剥夺了杰森的继承权，而杰森也从一个靠别人接济度日的打杂演员，转型当上了一名导演。

逐梦箴言

敬业是最卓越的工作态度，是迈向成功的唯一途径。肖恩·康纳利的演技令人佩服，他的敬业精神也经常被人们所称道。"对自己负责，对观众负责"，这是他对电影的追求，也是人格魅力、良好品质的卓越体现。

知识链接

"007"系列

"007"是风靡全球的谍战系列电影。"007"不仅是影片的名称，更是主人公、英国情报机构军情六处的特工詹姆斯·邦德的代号。他冷酷但多情，足智多谋，英勇无畏，总能在最危难时化险为夷，也总能邂逅一段浪漫的爱情。历任"007"都是大帅哥，再加上性感漂亮的"邦女郎"（詹姆斯·邦德总是有美女相伴，那些女士被称为"邦女郎"）以及扣人心弦的精彩剧情，使"007"系列影片直至今天仍被广大观众所热爱。第一部"007"电影于1962年10月5日公映后，"007"系列电影风靡全球，到今天历经将近50年长盛不衰。

我的未来不是梦

智慧心语

我对于没有获奖并不全然感到难过,因为我最爱的演员赢得这座奖,她凭着演技获得了它。

——英格丽·褒曼

做演员不是一个爱好,是一份职业,它要求你守纪律、勤奋、尊重他人。

——布拉德·皮特

带着幽默感去思考,你会发现有些事没你想的那么严重。

——汤姆·克鲁斯

从我自己的感觉来讲,我不觉得那是落魄,反而觉得是一种创作,也是一种生活。

——梁家辉

忍耐乃美德。

——肖恩·康纳利

患难困苦,是磨炼人格之最高学校。

——梁启超

第八章

厚积薄发，大器晚成

孙红雷

台前幕后的瑰丽人生

◦导读◦

　　爱因斯坦曾经说过："耐心和恒心总会得到报酬的。"成功或早或晚,但这并不影响成功的质量。在喧嚣浮华的娱乐圈,"一夜成名天下知"的故事并不少见,然而还有一些演员,在他们不为人知的那些岁月里,从容低调,用"勤"补"拙",用坚实的努力朝着梦想执着前行,奠定了自己成功的基石。忍耐是一种智慧,忍耐是一种美德。

■ 执着是走向成功的翅膀

"人生之中不管是什么事情，什么角色，都得勇敢地去试。去试了，也许就会有各种机会等着你，如果不去试，那肯定就一点儿机会也没有。"这是内地当红影星孙红雷常说的一句话。

凭借着余则成、杨立青等银幕形象，孙红雷一跃成为娱乐圈炙手可热的明星。成功光环的背后，是他付出的许多鲜为人知的辛酸和汗水。

孙红雷 1970 年出生在哈尔滨一户普通人家，家中有三兄弟，孙红雷是老小，小名三郎。父母微薄的收入支撑着一家人生活，家里房子总共 28 平方米，小时候的孙红雷都是睡在吊铺上的。

让孙红雷至今印象深刻的是，有一次母亲想借 10 块钱给哥哥结婚准备彩礼，去邻居家敲了半天门人家也不肯开。年少的他觉得一家人生活得没有尊严，自此发誓一定要挣钱改变家里的生活。

父母希望他和哥哥们一样好好学习，读个理工科大学，找个稳定工作。可从读初二开始，因为逃课，家里就不断接到老师的投诉。追问之下，才得知他是偷偷跑到市青少年宫学霹雳舞了。

"我错了，可我就是喜欢跳舞，一天不跳就像丢了魂似的。"面对母亲的质问，孙红雷虽然心有愧疚，但依然不肯轻易放弃。毕竟跳舞也不是什么见不得人的事，最后母子俩达成协议：他不再逃课，母亲负责借录音机，每天在家里跟着磁带练习迈克尔·杰克逊的太空舞步。

1988 年，孙红雷在全国霹雳舞大赛中获得二等奖，最让他高兴的是，

奖品竟然是一台电冰箱。他立刻把它卖了700多元钱寄回家里。之后,他加入了中国霹雳舞明星艺术团,演出一场能得100元,一个月能演三四十场,算是有了一个收入不菲的职业。但好景不长,霹雳舞渐渐不再流行,孙红雷也"失业"了。

1995年,孙红雷带着8000元钱来到北京,准备报考中央戏剧学院。一位老师在见过他之后说:"你太胖,回去吧,不适合搞表演。"孙红雷没有被这句话打发走,而是每天围着操场跑步,在闷热的房子里练芭蕾,每天只吃黄瓜、西红柿和牛肉汤。一个月后,他的体重居然减掉了18公斤。

孙红雷还没有成名时,他大多数时候只是一个跑龙套的话剧演员。有一次,他得到机会出演赵宝刚导演的一场话剧。表演时,孙红雷因为没有把握好情绪,说台词时笑场了。这对于当时的剧情来说,是绝对不允许的。因此,赵宝刚当场拍案而起。

"你是哪所学校毕业的?"赵宝刚大声质问孙红雷。

"中戏毕业的。"孙红雷小声地说。

"不对!"赵宝刚的意思是,中戏出来的学生不会出现这样的低级错误。

"你学的什么专业?"赵宝刚又问孙红雷。

"表演系的。"

"不对!"赵宝刚更是气不打一处来,怒气冲冲地叫来副导演,吩咐换人。孙红雷一听急了,两眼紧盯着赵宝刚说:"导演,请让我再试一次。"

"不行!换人!"

此时,全场鸦雀无声,气氛紧张得令人窒息。在经过了几秒钟的沉寂后,孙红雷再次说:"导演,请让我再试一次。"

"不行!换人!"赵宝刚的回答仍旧斩钉截铁。就在这时,一名工作人员上台来到孙红雷近前,盯着孙红雷的腕部,示意他把手腕上的道具手表摘下来。当时,用孙红雷后来的话说,就是真真切切地体会到什么叫做"恨不得找个地缝钻进去"。

不过,面对导演,面对其他演员和观众,孙红雷既没有摘下手表,也没有下场走人,而是鼓足勇气说出了他的第三次请求:"导演,请让我再试一

次！"就在这时,意想不到的事情发生了,这次赵宝刚导演将大手一挥："开演！"

孙红雷在多年以后接受记者采访时说："也许,赵宝刚导演等待的,就是我的第三次请求吧。"而经过这次挫折的洗礼后,孙红雷显得成熟了许多,就像他说的,"从那以后,我就什么也不怕了"。

真正让孙红雷家喻户晓的还是影视剧。在话剧院时曾有人找过他演电影、电视剧,但是他没有接。年少时已经见识过"娱乐圈"的他想有一个好的开端,在选择上比较谨慎。第一部电影他选择了张艺谋。

1999年,张艺谋携剧本《我的父亲母亲》找到孙红雷。他看完剧本后非常失望——"这戏我红不了。"张艺谋说："这部戏只有你一个人是演员,和你配戏的演员都是非职业的。如果有人认出你,你就失败了。"听了这话,孙红雷当时有点蒙,但时隔多年他很感激张艺谋,因为话剧演员演电影时常常表演痕迹过重,而张艺谋第一次让他学会了不"演"。

真正让孙红雷火起来的,当属他在《潜伏》中塑造的"余则成"形象,他也为此获得了华鼎奖电视剧盛典最佳男主角、第8届金鹰电视艺术节观众喜爱的电视剧男演员、第1届中国大学生电视节最受大学生瞩目男演员等奖项。

孙红雷多年来扮演的角色,无论是"黑社会老大",还是文人邱如白、地下党员余则成、军人杨立青,他让观众看到了作为演员的多面性。对于自己的成长,孙红雷认为是吸收了很多人的精华。他曾自喻为"贪婪的海绵",一直在吸收,一直在学习别人。

逐梦箴言

执着是一种精神,是一种面对艰辛困苦而不放弃的人生态度。执着引导着孙红雷一步步迈向成功的阶梯。成功最终属于那些在失败中坚持、在困境中思考、在挑战中执着的勇士。

我的未来不是梦

149

知识链接

中国金鹰电视艺术节

中国金鹰电视艺术节,以中国电视金鹰奖的评选颁奖为主要活动内容,是唯一以观众投票为主选方式产生的全国性电视艺术综合大奖,也是中国第一个以国产电视艺术作品作为评奖和交流对象的电视艺术节庆活动。首届电视金鹰奖评选活动于 1983 年在云南省昆明市举行。1997 年第 15 届开始,"大众电视金鹰奖"改由中国文联和视协主办,成为中国电视界唯一的并经中宣部批准的由观众投票评选的全国性电视艺术大奖,名称也改为了"中国电视金鹰奖"。

金鸡百花电影节

中国金鸡百花电影节创办于 1992 年,是由中国文学艺术界联合会和中国电影家协会联合主办的中国电影界的盛大节日。每年一届,为期 5 天,在全国各地著名大、中城市轮流举行。举办地人民政府也是电影节的主办单位之一。自创办以来,金鸡百花电影节影响力不断扩大。目前,它与长春国际电影节、上海国际电影节、珠海电影节并称"中国四大电影节"。

第20届
中国金鸡百花电影节
2011 合肥

生活不会向你许诺成功

他8岁登台表演。

他50岁进入影视圈。

他75岁获得美国电影电视金球奖终身成就奖。

他，就是世界电影史上无愧于"伟大"二字的老戏骨——摩根·弗里曼。

弗里曼既不是高雅绅士，也不是英俊小生，但却凭借沧桑的魅力和草根的睿智，被称为美国电影的"父辈旗帜"。他的经历犹如一部励志教科书，记载着苦恼与欢乐，启迪着他人在奋斗中恪守人生信条，实现自我价值。

摩根·弗里曼1937年出生在美国田纳西州孟菲斯的一个黑人家庭，父亲是理发师，母亲是护士助理兼清洁工，他是家中最小的孩子。

"迫于生计频繁搬家"是弗里曼最深刻的童年记忆。他8岁时首次登台表演，并成为学校戏剧中的主角，这让他开心不已。后来，父母去芝加哥打工，将弗里曼留在家里跟外祖母一起生活。不爱读书的他，将大部分时间花在话剧社里。12岁时，他赢得州际戏剧竞赛，是周围人眼中一颗冉冉升起的戏剧新星。不过，最让他念念不忘的还是电影。

那是一年暑假期间，弗里曼去芝加哥探望父母，那里随处可见的电影院和花花绿绿的海报令他着迷。因为没有零花钱，为了多看一场电影，他不得不走街串巷，在垃圾箱里捡些饮料瓶去卖。"我尤其喜欢看有飞机镜头的片子，觉得开飞机是世界上最帅的事情！"正因为如此，高中毕业后，他出人意料地拒绝了州立大学为其提供的戏剧奖学金，成为美国空军的一

我的未来不是梦

名技工。

在军队磨炼 4 年退伍后,他在洛杉矶社区大学重拾戏剧。"我的人生目标从来没有如此清晰过:舞台就是我应该待着的地方,也是我能够让自己闪耀的地方。"或许在常人看来,弗里曼这种"走弯路"的行为难以理解,但正是经历了军队的严格训练,让弗里曼的斗志与毅力相比其他演员更胜一筹。

为了寻找更大的舞台,他来到纽约百老汇。刚刚踏入演艺圈时,有人告诫他:"黑人永远只能演一些跑龙套的角色,不可能有大出息。"弗里曼则愤愤不平地说:"我就要做给你看!"一开始,他总是找不到拍戏的机会,过着吃了上顿没下顿的生活,破旧的衣服让他在跑剧场时总也抬不起头来。但弗里曼认定的路是不会回头的,"要吃饱肚子,就要先把尊严吞下去"。

1967 年,弗里曼首次在百老汇演出黑人版的歌舞剧《我爱红娘》,"看到自己的名字第一次登上宣传海报时,我激动不已,甚至紧张得忘记了台词。"之后弗里曼一发不可收,他游走于百老汇以及百老汇之外的舞台上,从音乐剧、现代剧再到古典的莎翁名剧,演出类型的多样化为他以后的演艺生涯奠定了扎实基础。

1971 年,弗里曼将视线转向电视圈,在美国公共电视的一个儿童英语教学节目中扮演"好好读"先生,期间演出了自己的首部电影《谁说我不能驾驶彩虹》。在此后的 16 年里,他的作品也零星散见于大小银幕。但由于没有遇到合适的戏路,他所扮演的角色没有震撼力,缺乏内涵,不能充分展示其真正实力,在观众印象中,他的形象十分模糊,他的身影逐渐淡出竞争激烈的大银幕。

看着身边的演员纷纷奔向好莱坞的大门,弗里曼也动心了,但经纪人告诫他:"好好锤炼,等时机成熟了,好莱坞自然会来找你。"

是金子总会发光的。

1987 年,弗里曼在《浪迹街头》中扮演一个黑社会恶棍,精湛的演技使他获得了当年奥斯卡最佳男配角奖和金球奖两项提名,这一成功使他对未来的演艺道路更加坚定。紧接着,在 1989 年,弗里曼凭借在《为戴西小姐开车》中那个勇敢善良、忠厚诚实的老司机形象,赢得了金球奖和全美

台前幕后的瑰丽人生

影评奖,并第二次获得奥斯卡奖提名。同年,他在《光荣战役》一片中与丹泽尔·华盛顿配戏,扮演由掘墓人成为军官的沃林,这是他在电影中塑造的最重要,也是最成功的角色之一。

2005年,两度获得奥斯卡奖提名的弗里曼,凭借伊斯特伍德导演的《百万美元宝贝》获得第77届奥斯卡最佳男配角奖,将小金人收入囊中。在很多人为他的"大器晚成"叹息时,弗里曼却说:"50岁不是起点,小金人也不是终点,表演是一个不断积累的过程,我能从中体会到很多东西。"

如今,他已经用自己的行动向世人证明:黑夜一般的肤色不会成为他走向成功的绊脚石。或许16年的蛰伏期和太多的磨难,让弗里曼对人生多了几分淡定,正像他常说的那样:"生活不会向你许诺什么,尤其不会向你许诺成功。它只会给你挣扎、痛苦和煎熬的过程。所以要给自己一个梦想,之后朝着那个方向前进。如果没有梦想,生命也就毫无意义。"

逐梦箴言

生活从来不会有许诺,尤其是许诺成功。摩根·弗里曼用实际行动向世人证实,暗夜一般的肤色不会成为他走向成功的绊脚石,正如他在代表作《肖申克的救赎》中说的一句经典台词:"有一种鸟是永远也关不住的,因为它们的羽毛太光亮了。"

知识链接

老戏骨

老戏骨指活跃在戏剧舞台和影视行业的演艺精湛的演员,他们演艺经历丰富,演技高超,演戏惟妙惟肖,塑造角色真实可信,亲切感人。老戏骨一般在娱乐圈耕耘多年,演技被观众广泛地认可。

■ 不疯魔不成活

他是《集结号》里为阵亡的 47 名战士讨说法的连长谷子地；

他是《十月围城》里的革命先驱孙中山；

他是《风声》里打入敌人内部的共产党员老枪；

他是《鸿门宴》里杰出的军事谋略家张良；

他是《水浒传》里梁山好汉之首宋江；

……

他就是张涵予。

2008 年—2009 年之间，凭借《集结号》里谷子地这一角色，他获得第 15 届北京大学生电影节最佳男主角、第 8 届华语电影传媒大奖最佳男主角、第 29 届大众电影百花奖最佳男主角、第 45 届台湾金马奖最佳男主角、第 13 届华表奖优秀男演员等奖项，一举成为五料影帝。

在此之前，张涵予做过十多年的配音演员，后来又在冯小刚的电影里跑龙套，一跑就是 8 年。

张涵予从小就迷恋电影，而爸爸整天逼着他当陈景润。当年，国家八大部委的礼堂都坐落在他家门前的那条街上。因为偷偷地跑去看电影，他经常被爸爸暴打。所以他每次跑出去看电影都跟做贼似的。

1987 年，张涵予从中央戏剧学院表演系毕业。他没有走上舞台或银幕，仅仅是因为喜爱配音，他成了一名专业的配音演员。其实，读高中时，他就到中央电视台译制片组给外国影片配过音。《这里的黎明静悄悄》、

《三千里寻母记》《指环王》《特洛伊》《拯救大兵瑞恩》里都有张涵予的声音。

配音演员是幕后英雄，人们经常记住了他们的声音，却不知道他们到底是谁。张涵予就这样默默无闻的在幕后用声音塑造着角色，演绎着别人的喜怒哀愁。

终于有一天，张涵予对自己的生存状态不满意了。他去了澳大利亚留学，回国后在一家卖卡车的美国公司当白领。天天穿西服打领带，拎公文包到处谈生意，和美国专家做技术交流，俨然一个成功人士。在国内"卖"卡车赚到了上千万的资产以后，张涵予发现，赚钱并不是他最热爱的事情，当演员才能让自己觉得满足。

他迫切地想演戏。虽然他在配音界有"小邱岳峰"之称，已经算是一个腕儿了，但在影视界他还是一个不折不扣的新人。

于是很多人问他，你确定演艺圈里有你的饭吃吗？

张涵予说，没有鱼翅，弄碗白菜汤也可以。

后来，他有机会认识了导演冯小刚。从 1999 年开始，他在冯小刚导演的贺岁片里开始了他的龙套生涯。《没完没了》中，他饰演一个帮傅彪讨账的社会人，在《大腕》中，他扮演精神病院里的IT专家；在《天下无贼》里，他扮演一个化装成"E时代画家"的卧底干警，冷静机智地周旋在一大群老道狡猾的盗贼中间。

在这些影片里面，他台词很少，角色小到了甚至连个正经的名字都没有。

张涵予不急不躁，安心地做着"金牌龙套"。他心里清楚，自己没有天上掉馅饼的命。

尽管跟冯小刚已经是认识 10 年的朋友了，但他从没有跟冯小刚提过哪部贺岁片的主角让他来演。

直到这一次，他不准备再沉默了。冯小刚导演跟他说，要让他参与一部战争片。张涵予听了大致的故事情节以后，莫名地兴奋和激动。他骨子里有英雄情结。在看剧本的时候，多少次泪水模糊了双眼，以至于不能再

我的未来不是梦

读下去，必须痛哭一场，心里才能不那么憋闷。哭完了，他再拿起剧本接着看。

张涵予强烈地感觉到，这是一个演员一辈子都不一定能碰到的角色。

看完了剧本之后，张涵予就去找冯小刚导演了。

"我要演谷子地！"他说。

冯小刚导演一笑，说："这个角色是为葛优量身打造的。"

张涵予无话可说了。葛优是中国最优秀的男演员，是冯小刚贺岁片的常任男主角，人们都说，冯小刚的贺岁片有个规则——铁打的葛优，流水的女主角。

演不成谷子地，张涵予退而求其次，把目光盯在了影片中男二号赵二斗的身上。结果发现，原来导演也正有此意。

因为身体上的原因，葛优没有出演《集结号》。导演和投资方都把目光放在一线国际巨星身上，刘德华和李连杰都成了他们考量的对象。于是，张涵予作为"赵二斗"跟许多的"谷子地"试戏。结果，试来试去，导演发现"赵二斗"更像谷子地。

终于有一天，冯小刚导演向他宣布："你来演谷子地。"

张涵予来不及惊喜，就一头扎进了角色里。

从那一天起，张涵予就变成了谷子地。这个角色让他欣喜，让他激动，让他疯狂，他把整个生命都放进了这个角色里。他一举手一投足完完全全就是谷子地。以至于冯小刚导演说："你往那儿一站，干什么都对，因为你就是那个人。"

拍片子那会儿，张涵予有点人格分裂了。在片场他是谷子地，回到家他还是谷子地。他整个人都融进了谷子地的身体里面，用谷子地的思维方式思考问题，用谷子地的语气说话，用谷子地的行为举止生活。

即便戏拍完了以后，大概有一年半的时间，张涵予还是没有走出影片中的情境，没有走出谷子地的生存状态和精神境界。"晚上睡不好觉，做梦，哭，挖人，天天都是这些事，驱之不走。很伤人，很伤神，很长时间才缓过来，半条命都搭进去了。"

不疯魔不成活。

张涵予成功了。他说:"感谢电影,因为电影让人忘我,让人充满想象,让人圆梦。"

逐梦箴言

全力以赴是一种积极的做事态度,要么不做,要做就做到最好。为了谷子地这个角色,张涵予连"半条命都搭进去了",这种忘我的艺术境界并非所有的演员都能够达到。所以,张涵予成功了。

知识链接

配音演员

配音演员不同于舞台演员和影视演员用自身形象来塑造角色,他们从声音上来再现原片(剧)中人的形象,用声音作为塑造角色的表演手段。他们在配音前必须对原片的主题、艺术样式、风格、时代背景等作充分分析,然后拟定出自己对某一角色的配音方案,也称之为"声音化妆"。配音演员在广义上是指为影片配上对白的人,狭义上指为某个人物角色配音的人。除翻译影片(包括外国语的翻译和普通话、粤语、方言、少数民族语言之间的互相翻译)需配音演员配录台词外,在有的影片里,因为演员嗓音不好、语言不标准或不符合角色性格的要求、配音档期不符等原因,而在后期录音时请配音演员为角色配音。现今大多数的配音员都指广义上的配音员,配音员的工作种类已经趋向多元化,而非仅限为人物配音。

我的未来不是梦

■ 孤身进军好莱坞的黑人女星

　　1990年，一部名叫《人鬼情未了》的电影在美国如期上映了。影片讲述了一对恋人阴阳相隔、生离死别的爱情故事。这原本是一部感人至深的影片，可在放映时，影院里总是传来阵阵笑声！剧中什么样的人物能有如此大的魔力让观众眼中噙着泪花，却又开怀大笑呢？熟悉这部电影的人马上会想到剧中那个长相古怪、动作夸张、故弄玄虚的黑人女灵媒，正是这个人物的出现，加深了影片的主题内涵，并将本片推升到悲喜剧的最高境界。同时，也成就了这部悲中带喜、喜中带泪的经典爱情影片的地位。片中女灵媒的扮演者就是美国著名黑人女演员乌比·戈德堡。

　　在好莱坞众多女明星中，乌比·戈德堡只能算是其貌不扬，但是这位既不年轻又无美貌的黑人女子却在影坛享有极高的声誉。她主演的影片都有不俗的票房收入，她成为美国最受欢迎的演员之一，这一切不能不说是个奇迹。

　　乌比·戈德堡生于1949年11月13日，是在纽约曼哈顿的贫民区长大的野孩子。她本名卡里恩·约翰森，从来没有接受过正式的高等教育，唯一的爱好就是看电影，尤其是好莱坞经典电影。这使她从小就对表演与电影产生了巨大的兴趣，幻想有朝一日能像电影里那些大明星一样出入上流社交场合，谈吐幽默，举止高雅。然而现实的社会是残忍的，乌比的早年生活充满艰辛。她领过社会福利金，打过各种杂工，甚至做过为尸体整容的工作。那时她是一个地道的穷人，满口粗话，一文不名，没有固定职业，

经常无所事事地四处游荡。但是生活的困苦并未磨灭她的梦想与追求，凭着一股坚韧顽强的力量，她孤身一人向好莱坞进军。

乌比最早是进入百老汇，想方设法参加各种团体表演。在舞台上，乌比仿佛突然受到了上天的点化，她的智能、机敏、幽默、诙谐、快乐的天性迸发出来。更令人吃惊的是她身上那天赋般的表演才能，然而由于面貌的丑陋和演艺圈对黑人的歧视，乌比并未受到重用。这一段时间，她唯有自己鼓励自己，并刻苦磨炼演技。

终于，1985年在斯皮尔伯格导演的影片《紫色》中，她扮演了一位受丈夫虐待而苦苦在命运的泥潭中挣扎的女奴布莉。这是她初涉影坛的第一部影片，但是她娴熟的炉火纯青的演技让世界震惊，她为此获得了当年金球奖最佳女演员奖和奥斯卡最佳女主角奖提名。这一惊人的成绩让影坛对她刮目相看。

1990年她在影片《人鬼情未了》中成功饰演了一位善良诙谐的黑人女巫师、通灵者，乌比把一个侠骨柔肠，但又因生活所迫靠装神弄鬼骗人钱财的小人物演绎得活灵活现，举手投足和每个眼神、表情变化间，无不显露出她出色的演技。乌比幽默诙谐的表演让观众常常发出会心的笑声，将喜剧成分巧妙地融入悲剧之中，在严肃中透露出几丝欢乐，既为观众所乐见，又对加深影片主题有深刻影响。凭借在该片中的出色表演，乌比获得1991年奥斯卡最佳女配角奖。后来有人提出，尽管该片在1991奥斯卡颁奖典礼获最佳剧本奖，但没有乌比的精彩表演，该片将是一部平庸之作。

乌比出演《人鬼情未了》时还曾发生过一个小插曲。当时很多人因为乌比长相难看而反对她演女灵媒，但该片的男主演帕特里克却对导演说："除非你让乌比参演，否则我就不演这个片子！"多年后，乌比曾回忆道："当我获得奥斯卡奖发表获奖感言时，唯一惦记的就是要感谢帕特里克，以至于彻底忘了感谢导演！"

1992年乌比主演了《修女也疯狂》，该片翻拍自1944年获奖影片《与我同行》。影片创下了1992年夏季票房之最，超过一亿美元。她在影片中扮演一个二流歌手，因无意中目睹了一场命案而遭人追杀，为了保住性命，

我的未来不是梦

迫不得已假扮修女躲进教堂里……乌比将主人公外表粗俗、内心真诚可爱的形象刻画得入木三分，幽默诙谐的表演让人再次领教了这位好莱坞最著名的女谐星的搞笑功夫！

随后的《大玩家》《美国制造》和《修女也疯狂》续集无一不引起巨大轰动。乌比成为好莱坞首席女星，人们从不放弃她的任何一部影片，她成为人们生活中不可缺少的为人们传播欢乐的人。1996年在影片《疯狂教练》和《大亨也疯狂》中，乌比又一次令观众大饱眼福。

近年来，乌比的电影作品有所减少，但在主持、配音等领域建树颇丰。早年间在百老汇表演脱口秀的经历使她受到奥斯卡组委会的青睐，并邀请她主持了三届奥斯卡颁奖礼，她轻松活泼、妙语连珠的主持风格深受大家喜爱。

乌比还在世界各地举办个人演出晚会，灌制唱片，亦赢得了一致好评。她是个多才多艺的艺术家，她那开朗、热烈、快乐、善良又带有些狡诈的个性，让世界每一个角落都充满了欢笑和爱。

逐梦箴言

一个人的成功，智力因素固然重要，但坚强的毅力更是不可或缺。坚韧是一种体现生命弹性的品格，顽强的毅力和百折不挠的韧性给乌比·戈德堡带来奇迹，让她由平凡走向伟大。

知识链接

奥斯卡最佳女配角奖

奥斯卡最佳女配角奖是奥斯卡金像奖的奖项之一，评选方式为业内人士投票，然后由美国电影艺术与科学学院颁给每年得票最高的提名者。奥斯卡最佳女配角奖从1936年开始颁发，晚于奥斯卡最佳女主角奖。

"我没关系，也没钱，只有成绩单！"

"电影表演学会奖"是一个完全由资深、优秀和演员评选的奖项，一直以来都以其专业和独具慧眼的评审被视作业内的风向标。李雪健、姜文、葛优等广受好评的老戏骨就曾获得此奖。2011年，段奕宏凭借《西风烈》、《全城热恋》《风声》等叫好又叫座的影视作品，获得了评委会的一致认同。成为第13届"中国电影表演艺术学会奖"获得者。

《国家荣誉》的作者张西提起段奕宏的演艺之路曾这样说："回想他的坎坷经历，如果那些年他没有坚持下来，我到新疆偶尔遇到他，顶多是多了一位与我一起抢着吃哈密瓜和酸奶的北疆小伙子。"

1973年5月16日出生于新疆伊宁的段奕宏，19岁之前从没离开过伊犁。小时候唯一的娱乐活动就是看电影，只有电影能让一向调皮的段奕宏安静下来，随着电影中人物的命运欢喜、流泪。

1991年，作为班上宣传委员的段奕宏自编自导自演了一个小品《知识就是力量》参加学校的文艺汇演，引起轰动。一个上戏的老师说他有学表演的潜质，应该去考艺术院校表演系。

带着当演员的梦想，段奕宏走出伊犁去了北京。

第一次考中戏，从没接受过任何专业训练的他连20分都没得上，在天安门坐了一夜后他告诉自己，一定再来！

回到伊犁段奕宏有意识地去话剧团跟着人家练功，练舞蹈，已经19岁、没有舞蹈功底的他，硬是把胯压开了。为了找老师指导朗诵，有时他一

台前幕后的瑰丽人生

等就是一两个小时。

第二次考中戏在三试时被刷下来了。段奕宏特别难过，为什么付出了、准备了，还是不行？

伊犁话剧团的叶团长非常欣赏段奕宏吃苦耐劳不服输的劲头，给了他一个建议，让他上中戏的表演培训班进行系统的学习训练再去报考中戏。

培训班的学习让段奕宏意识到自己欠缺的东西太多，自身条件也不够优秀，可他没有退缩，这些不利条件成了他百分之二百去努力的动力。训练班几乎所有人都知道，他比本科班的学生还用功，每天风雨无阻总是第一个站在教室练台词。

1994 年，他顺利地被中戏录取，和印小天、高虎、陶虹成了同学。

大学第一年，段奕宏感受最强烈的就是自卑，和成长在大城市的其他同学相比，他的言谈举止、家庭背景和文化知识都差得非常之远。那怎么缩短距离呢？只能更加刻苦地学习。

他每天过着三点一线的生活，宿舍、排练厅、图书馆。但是由于形象上不占优势，没有女生愿意和他搭戏，没有一个导演找他拍戏。悲观和沮丧之后，段奕宏决心尽量利用有限的条件努力做到最好，同学们能出去拍戏实习，从外面学到知识和营养，自己留在学校里也不能坐以待毙。

没有人找他拍戏他就在学校里不断地排演话剧，就连每一个小品他都认真对待。渐渐的，他的努力得到老师、同学的认可。到后来，只要是段奕宏的作业就挤满了人来看，连话剧院的领导看了他的表演都说："这样的学生，毕业后进话剧院没问题。"

他终于找到自信，也一点点地建立起自己坚实的表演功底。

临近毕业，段奕宏面临的最大问题是就业。本来以为以他在大学四年的表现，进实验话剧院根本没问题，但是 1998 年正好是文化考核和精简，所以留京名额特别紧张。有人让段奕宏找找关系，倔强的段奕宏撂下一句话："我没关系，也没钱，只有成绩单！"

就在他以为留京无望，准备收拾东西去天津寻找机会时，中央实验话剧院传来消息，说是接收他了。他控制不住地泪流满面。后来他才知道，

中央实验话剧院的院长去文化部特批了一个名额给了他。

对于帮助他的人段奕宏心存感激，"我所具备的一切，我努力的一切，大家都不是看不到。我没有别的捷径走，就是努力。有才华的人很多，但并不一定我就理所当然应该得到帮助。因此，我只能用一种感恩的心来回应和思考。对于未来，我要的是什么，该要的是什么，重要的是什么，适合我的是什么我必须分得很清。我还很年轻，我需要积累的是一种人物形象，是一种阶段和一个经历。"

在实验话剧院，段奕宏默默无闻地拍了8年戏。虽然接演的片子不多，但是几乎每一个角色都极具个性。

2002年段奕宏在电影《二弟》中饰演二弟，并凭借这个角色获得了2003年新德里国际电影节影帝。

2006年，电视剧《士兵突击》令段奕宏迅速爆红。

这一年，段奕宏33岁。

很多人认为他幸运，遇到了好的剧本、好的角色。殊不知段奕宏是经历了诸多的沉淀和积累，才会对"袁朗"有精准的把握和演绎，之后的妖孽英雄"龙文章"、有情有义的铁血警探"向西"、痴情的幽灵和尚"阿明"等诸多风格迥异、个性鲜明的影视人物，也都在段奕宏的诠释下深入人心。

段奕宏说："演员只是我的职业，我从来不觉得自己是明星，我更想做一个'人民演员'，能带给观众一些精神温暖，就是最重要的事情。"

逐梦箴言

段奕宏从一个没有导演选中、没有女生愿意搭戏的电影学院学生一步步奋斗到今天，付出的是艰辛与汗水，收获的是成功与喜悦。坎坷的经历和勤奋学习获取的知识已经被时间糅合在一起，成为取之不尽用之不竭的财富。

我的未来不是梦

台
前
幕
后
的
瑰
丽
人
生

知识链接

中国电影表演艺术学会奖

中国电影表演艺术学会是在国家民政部注册、隶属于国家广电总局的全国电影演员的专业性群众组织。自1985年1月在广州成立以来，至今已经拥有会员千余人。学会以致力于电影表演艺术的实践与理论研究，促进提高我国的电影演员表演艺术水平，繁荣社会主义电影创作为宗旨。除举办各种学术研究和表演实践外，还创立了"电影表演艺术学会奖"（简称"学会奖"即"金凤凰奖"），以此鼓励电影演员提高自身素质和艺术修养，在电影表演技艺上取得优秀成绩。"学会奖"（"金凤凰奖"）两年评选一次，在中国电影界具有极高的权威性、专业性和广泛影响力。

段奕宏

● 智慧心语 ●

演员如果不具备征服欲，就成不了一个好演员。

——孙红雷

生活不会向你许诺什么，尤其不会向你许诺成功。它只会给你挣扎、痛苦和煎熬的过程。所以要给自己一个梦想，之后朝着那个方向前进。如果没有梦想，生命也就毫无意义。

——摩根·弗里曼

感谢电影，因为电影让人忘我，让人充满想象，让人圆梦。

——张涵予

我没关系，也没钱，只有成绩单！

——段奕宏

不是说拍一部烂片就可以随便演，戏可以很烂，但角色不可以，要把每个角色都当作磨炼自己的磨刀石。

——黄秋生

滴水穿石，不是因其力量，而是因其坚韧不拔、锲而不舍。

——拉蒂默

我的未来不是梦

165

台前幕后的瑰丽人生

第九章

张扬自我，自信自强

莱昂纳多·迪卡普里奥

◦导读◦

　　美国思想家、文学家、诗人爱默生曾经说：自信是成功的第一秘决。自信是一种力量，自信能使人充满了热忱和勇气。如果你是一个自信的人，那么，你已经向着属于你的成功迈出了第一步。

■ 我是中国最好的女演员

刘晓庆一句"我是中国最好的女演员",让崇尚中庸与低调的国人瞠目,她也从此成为充满争议的人物。

行动胜于语言,事实胜于雄辩。

以《小花》崭露头角后,整个80年代,刘晓庆以每年两部影片的速度拍摄电影。接连拍摄了《神秘的大佛》《瞧这一家子》《原野》《北国红豆》《火烧圆明园》《垂帘听政》《芙蓉镇》《春桃》《大太监李莲英》《心灵深处》《无情的情人》《大清炮队》等多部影片,曾获得第3届大众电影百花奖最佳女配角奖、第11届电影百花奖最佳女演员奖、第7届中国电影金鸡奖最佳女主角奖等,在国内外所得的奖项加起来有18个之多,可谓大陆电影演员之冠。有人曾评价说,80年代的中国电影是刘晓庆的时代。刘晓庆用行动验证着她说过的话。

电影事业的成功并没有使刘晓庆满足现状,个性极强又不甘寂寞的她突然在1990年"下海"经商,3年之内融资50个亿,让世人再次为她的惊人之举唏嘘不已。第二年,刘晓庆的"实业发展总公司"宣告成立,又分别在深圳、上海、烟台、昆明设立了房地产开发公司。

此外,刘晓庆饮星食品有限公司、刘晓庆美的世界化妆品公司、晓庆经典广告公司、晓庆影视文化公司及晓庆文化艺术公司等也相继成立。

加上拍摄电视剧、拍卖书稿等收入,刘晓庆以7000万至9000万美元的身价在1999年的福布斯中国富豪榜中排名第45位。

然而,在 2002 年,刘晓庆的人生快车却骤然暂停。

这个永远被关注着的明星因为用人不淑,公司管理不善,陷入了偷税风波。

时任北京晓庆文化艺术公司总经理和公司财务的刘晓庆的妹夫靖军、妹妹刘晓红自 1996 年起,采取不列、少列收入,多列支出,虚假申报,通知申报而拒不申报等手段,偷逃税 1458.3 万元。2002 年年初,靖军、刘晓红相继被刑拘。当年 7 月 24 日,公司法人刘晓庆被正式逮捕,她的多处房产也被拍卖抵税。

虽然检察院经过一年多的调查取证,还了刘晓庆的清白,但是这一风波却让她背上了上千万的债务。

刘晓庆对这一切看得很开,她说:"我是一棵小草,野火烧不尽,春风吹又生。我最初一无所有,不过是到名利场上转了一圈又回到原点。只要活着,有生命,一切都可以重新创造,对于这一段经历我觉得挺好。422 天的收获,是多少钱都买不来的。我失去了很多钱,失去了二十多处房产,得到的是人心。我是无罪释放。了解我的人都知道我在这个事情上是冤枉的,所有的观众、知道刘晓庆的人,都很佩服我的个性。在经历这件事情之前,我根本不知道自己是这样的坚强、乐观。这段生活让我很好地认识了自己,让我自己都佩服自己。"

重新踏上征途的刘晓庆开始频频拍戏赚钱还债,有了法律意识的她为避免疏忽特意聘请了一名税务律师——每次签演出合同涉及到片酬、纳税部分都先由该律师过目。

在不到两年的时间里她接拍了 15 部电视剧,主演了她的话剧处女座《金大班的最后一夜》拍摄了多个广告。凭借着自己的努力,很快还清了所有欠款。她也因年收入超过 500 万元,再次被收入福布斯名人榜。这次的她,是以积极纳税的正面形象出现在世人面前。

2010 年 7 月,在古都西安的阿房宫遗址上,由刘晓庆主演并投资的歌舞剧《阿房宫赋——刘晓庆之夜》每日都在精彩上演。刘晓庆成为第一个在风景区里实景演出歌舞剧的影视演员,填补了她演艺生涯的一项空白。

　　演出持续 3 个月不间断，其他演员都有 B 角能轮换休息，她只能场场亲自上阵，最后一场演出已是初秋，又下起了大雨。观众穿棉衣都不觉得热，她却只穿着薄裙短衫在台上坚持到表演结束。

　　1955 年 10 月 30 日出生在重庆涪陵的刘晓庆，从 1975 年第一次试镜到今天已从影 37 个年头了，如今与她同时代的女演员仍活跃在银幕上的屈指可数，她用 30 多年的演艺之路，见证了一个时代的文化时尚，成了这个时代人们精神的一部分。其间她所经历的艰苦、奋斗、辉煌虽然毁誉参半，但取得的成就、付出的汗水却是有目共睹的。虽然她做的每件事看着都充满风险，却总能安全过关。姜文曾说她是"不倒翁"，一直屹立不倒。

　　2011 年 5 月刘晓庆在"剑桥世界名人榜"颁奖晚会上说："小时候，我喜欢望着满天的繁星，憧憬未来，我相信我一定会找到属于自己的一颗。因为这样的愿望，任何的艰难困苦，都阻挡不了我前进的脚步。今天，我能在众多世界和个人领域为人类的文明进步、文化的传承而作出杰出贡献的人一起接受这个荣誉，是'我的路'的新坐标，我将继续充满情感地生活，在我永远的艺术之旅上，留下更多的坐标。"

　　2011 年 7 月 8 日，刘晓庆在迈阿密进行文化交流活动时迈阿密市市长托马斯亲自向其颁发了迈阿密市徽勋章——这种市徽仅仅用于赠送国家元首及国际级别的名人，刘晓庆的影响力由此可见一斑。

　　"我是中国影坛演技最好的女演员，以前是，现在也是。自己都不肯定自己，谁还会支持你呢？"刘晓庆近期在接受记者采访时如是说。

逐梦箴言

　　刘晓庆不甘居人后、凡事争第一的人生态度，自强不息、敢想敢做的个性让她冲破重重困难成功实现自我。"命运掌握在自己手中"，这是她永不言败的人生信条。

我的未来不是梦

台前幕后的瑰丽人生

大众电影百花奖

大众电影百花奖创办于 1962 年,是由周恩来总理特地指示举办的、由中国发行量最大的电影刊物《大众电影》杂志社主办的一年一度的群众性评奖,和金鸡奖一起通称为"中国电影双奖"。大众电影百花奖是我国历史最为悠久和官方代表最有群众基础的电影奖,与中国电影金鸡奖、中国电影华表奖一起并称中国电影的三大奖。之所以用"百花"命名是为了体现"百花齐放,百家争鸣"的文艺方针。奖杯为铜质镀金花神,以示电影是文艺百花园中的一朵鲜花。1992 年,应广大电影工作者的热切要求,代表专家意见的"金鸡奖"和代表观众意见的"百花奖"合二为一,简称中国金鸡百花电影节,年年举办。自 2005 年起,金鸡奖与百花奖隔年评选一次。

刘晓庆

■ 耶鲁大学毕业的奥斯卡影后

有人这样评价她：美貌却不凭美貌，智慧却不仅智慧，冷静却不乏魅力。

她凭借两座奥斯卡小金人稳稳地在世界电影中占据了一席之地，但这两座小金人却也不过是她智慧冷静的头脑和自信独立的精神的陪衬。

她就是好莱坞最耀眼的明星朱迪·福斯特。

朱迪·福斯特1962年11月19日出生于美国加州的一个单亲家庭，当她还在妈妈肚子里的时候，父亲就扔下一家人一走了之了。家庭的重担很早就落在小朱迪的肩上。

朱迪·福斯特从小就很有镜头感，从3岁起便不停穿梭于一个个片场之间参加电视剧、广告和综艺节目的拍摄，8岁时就已经进军好莱坞电影界，在影片《拿破仑和萨曼莎》中客串一个小公主的角色，到1974年她已经正式开始在一些知名导演拍摄的电影中扮演重要角色了。

1976年著名导演马丁·斯科西斯的代表作《出租汽车司机》在欧美各国引起巨大反响和轰动，其艺术成就受到了一致的肯定，可以说是当年世界上最具艺术魅力的影片之一。

影片中的出租车司机由实力派影星罗伯特·德尼罗扮演，而女主角——深陷淫窟的雏妓艾瑞斯则由朱迪·福斯特扮演，朱迪·福斯特当时只有14岁，但令人惊讶的，是她小小年纪就能准确地把握角色的心态和神韵，充分显示出她天赋的表演才华。

朱迪·福斯特因这一角色获得奥斯卡最佳女配角提名。虽然没有夺

冠,但她在片中的精彩演出已名垂世界电影史。对于朱迪·福斯特来说,出演《出租汽车司机》是她真正的起点。

朱迪·福斯特没有因过早成名而被冲昏头脑,1980年秋天,朱迪以高分考入了世界著名学府耶鲁大学,主修文学。她决心扔掉"著名童星"的帽子,靠真才实学证明自己的价值。

但是一个男人的疯狂举动却打破了她求学之路的宁静,将她推上舆论的风口浪尖。

在《出租汽车司机》公映后,富家青年约翰·欣克利因为被朱迪·福斯特扮演的角色打动而疯狂地爱上了她,他在至少看了20遍此片后,多次向17岁的朱迪求爱。遭到拒绝后,为吸引她的注意,于1981年3月30日伏击时任美国总统的罗纳德·里根,并连开六枪致里根总统重伤。后因其患有精神病而被判无罪。

当事件的来龙去脉浮出水面后,人们将辛克利的罪行迁怒到朱迪·福斯特身上,各路媒体的轮番轰炸、警察部门和联邦调查局的日夜盘问以及来自整个社会的偏见和苛责都让朱迪身心疲惫。

带着满腔委屈她在报纸上发表了一篇题为《为什么是我?》的文章为自己辩白,表示自己是此次事件中一个无辜的牵连者,之后,任世人如何非议,朱迪对此事始终缄口不言,保持沉默。

这件事让朱迪深受打击,但是坚强的她并没有一蹶不振,而是排除一切外来干扰潜心读书充实自己。几年后,她以优异的成绩从耶鲁大学毕业并取得了文学硕士的学位

1988年,已经被人们淡忘了的朱迪重新走入观众的视线,参演由真实事件改编的电影《被告》。为了出演该片,朱迪主动出击,和新人一道参加试镜,终于在第四次试戏时淘汰掉其他候选人被导演选中。

这个角色对朱迪来说是个极大的考验。她所扮演的是一位在遭强暴轮奸后勇敢地面对现实,找回失去的人格与自尊,与恶势力坚决斗争的女性。

影片中难度最大的是她被三名暴徒推倒在台球桌上当众剥光衣服轮

奸的场面。这段戏创造了美国电影史上最长强奸戏的纪录，长达 3 分钟，共 262 个镜头。开始导演担心她放不下心理负担不肯拍。后来又担心她只是简单地应付过去。

可是朱迪勇敢地接受了挑战。她认为拍这样的戏没什么可耻的。强奸犯和道德败坏的旁观者对人的尊严的蔑视，才是人性的耻辱、人性的丧失。实拍时，她嘴里塞着石头，耳朵里塞着棉花，拼命地挣扎、喊叫，甚至连眼球上的血管也崩裂了。她演得投入、逼真，怵目惊心。看过该片的观众都不由自主心神为之震荡。

这个角色起到了警醒世人的作用，敲醒了一些性格懦弱选择沉默的强暴受害者和幸灾乐祸的围观群众。

在 1989 年的奥斯卡颁奖晚会上，因为此片被首次提名最佳女主角的朱迪·福斯特拔下头筹，成功夺冠。

两年后，朱迪凭借《沉默的羔羊》中见习女特工的角色第二次获得奥斯卡最佳女主角奖。

由于《沉默的羔羊》的成功，朱迪·福斯特有机会执导了自己的第一部影片《锦绣童年》。《锦绣童年》这个剧本之所以吸引朱迪是因为故事中的小男孩儿就像小时候的自己，同样的天赋异秉，同样由单亲母亲抚养长大。

如今她成立了自己的制片公司"蛋"，获得奥斯卡最佳女演员提名的《大地的女儿》就是由她自己制作并主演的。

在青年才俊辈出的好莱坞，朱迪·福斯特一直屹立不倒，她对电影事业的热爱和执着，她与生俱来的表演天赋成就了她神奇的演艺人生。

逐梦箴言

8岁入行至今30多年,朱迪·福斯特一直保持着坚毅、自我、无所畏惧的独特个性,不以旁人的喜好或指责左右自己的选择,带着坚定的信念在人生之路上披荆斩棘勇往直前。

知识链接

《沉默的羔羊》

影片《沉默的羔羊》是1991年拍摄的美国著名影片。影片讲述了联邦调查局见习特工克拉丽丝受命调查一名专门杀害女性并剥去其皮肤的变态狂魔,为此她不得不求助于关押在监狱中的变态杀手、精神分析专家汉尼拔博士。克拉丽丝因为幼年时曾目睹羔羊被杀,所以存在心理障碍,但她却以无比的勇气与智慧击毙了残害女性的凶手。庆功宴上,她接到了已然越狱的汉尼拔博士的电话:"羔羊是否已不再哀号……多多保重!"这部影片是20世纪90年代以来深刻反映美国社会犯罪问题的经典之作,在1992年第64届奥斯卡金像奖中荣获最佳影片、最佳男主角、最佳女主角、最佳导演、最佳剧本改编五项大奖。上映第一周票房便高达1500万美元。朱迪·福斯特与安东尼·霍普金斯的出色表演也成为电影史上最光辉的一页。

■ 改变也是一种成功

　　有些演员，当他还未曾广受欢迎时，我们都很喜欢他；而一旦成为人人皆知的偶像时，我们却不再像以前那样喜欢他。但总有些人例外，比如莱昂纳多·迪卡普里奥。"我从没见过一个美貌男演员在老了、胖了、胡子拉碴后，还能比以前帅上一万倍！"一位影迷这样描述自己心中的偶像。

　　迪卡普里奥 1974 年出生在洛杉矶，母亲是位律师助理，父亲是当时地下漫画界一位很重要的人物，按他的话说，是"反主流文化的旗帜性人物"。父母在他刚出生时便分开，但两人为了他，选择住在相同的街区。母亲为了让他在一所专门为具有特别天赋的学生开设的学校上课，"每个工作日要花三个小时的时间送我上学"。斯皮尔伯格也曾说："他在演过的角色中所表现出来的人性，完全可以回溯到他所亲近的每一个家庭成员。"

　　迪卡普里奥虽然功课一直非常好，但对学习始终提不起兴趣，他年少时的梦想就是当一名演员。

　　他的第一个表演经历是在一个现在连他自己也叫不出名字的德国小镇，参加一次舞蹈比赛，那次比赛中得到第二名。而他 11 岁时在好莱坞的经历，在他的脑海中留下了不可磨灭的印记。

　　那是一次与挑选角色人员的痛苦接触。"我记得他们把我们像牲口一样排成一列，当时有 8 个男孩子，一个女人跑过来对我说'No'，这让我感到很受挫。我当时认为那是我唯一进入这个行业的机会，但是她拒绝了我。"迪卡普里奥几乎花了三年的时间，才将这次打击忘记。

14 岁那年，他签了一名经理人并接拍了一个广告，但是接着又没有事情干了。"我曾在一年半的时间里没有接到一个工作，好像经过了 100 多次面试，我非常沮丧，甚至想放弃。"迪卡普里奥说。

16 岁那年，他在当时风靡美国的电视剧《成长的烦恼》中饰演了一位无家可归的漂亮男孩，而他的出现也使得这部收视率日益下滑的情景喜剧焕发了生机。

1992 年，他打败了近 400 名选手，获得由畅销书《这男孩的生活》改编的传记电影《托柏斯伍尔夫》中出演主角的机会，片中他饰演艾伦·巴金这一反面角色，与罗伯特·德尼罗演对手戏。据说他被选派这个角色之后，花了几个月时间租电影带，让自己熟悉罗伯特·德尼罗的代表作《伊甸园之东》、《愤怒的公牛》和《出租汽车司机》。并且，他在那时就定下今后想要出演的影片类型。

当迪卡普里奥在拍摄拉塞霍尔斯多姆执导的《恋恋情深》时，他被允许自我发挥。"他并没有告诉我应该怎么做，只是说：'你想怎么演就怎么演。'"因此，他有了第一次演技研究经历——也就是他通常说的"做家庭作业"。他去了一个为智障儿童开设的收容所，并编了一个各种儿童表现的目录。然后他把自己想尝试的表演方式告诉拉塞霍尔斯多姆，拉塞霍尔斯多姆只是对他说"好的"。"那是我所拍过的电影中最自由的一次发挥。"迪卡普里奥说。

1997 年的《泰坦尼克号》是迪卡普里奥的事业高峰，他一下子变成了最炙手可热的偶像巨星。一夜之间大红大紫，22 岁时所拥有的名望让他自己也始料不及。然而出乎所有人意料，迪卡普里奥却决定休息一阵子，用他的话说，是想等"掀起的尘埃落定"，"我决定等到我真正明确自己想要拍什么时，才重新开始拍片——只拍我觉得有必要的好片子"。可他随后所拍的"好片子"《铁面人》、《名人百态》、《海滩》却反响平淡，票房惨败。

那段时间，迪卡普里奥一直在偶像派和演技派之间徘徊。他渴望摆脱《泰坦尼克号》里自己塑造的那个英俊小生形象，却心有余而力不足。流行杂志依旧年复一年将他评为好莱坞"最性感男士"、"最深情的男人"，但他

并不开心。

2000 年,在拍摄马丁·西科塞斯导演的影片《纽约黑帮》时,迪卡普里奥和奥斯卡影帝丹尼尔·戴·刘易斯合作。刘易斯是个出了名的"戏疯子",让迪卡普里奥吃尽了苦头,以致二人在片场互不说话。但那次合作给迪卡普里奥带来了极大的震撼,他学到很多东西,开启了演艺生涯的新阶段。从那时起,人们发现他接片越来越有所选择,角色也愈发严肃。

2000 万美元片酬,3 次奥斯卡奖提名,曾出演史上最高票房的电影《泰坦尼克号》,所到之处皆被成千上万的影迷包围。然而,迪卡普里奥渴望做普通人,他没有保镖,没有私人飞机,没有像其他巨星那样铺张浪费。他说他的家庭背景使他保持平民化,他最喜欢的事就是同伙伴们闲逛。

不像平时对隐私三缄其口,当提到环保问题时,迪卡普里奥常常表现出极大的热忱。他对环保问题的关心和奉献,使他被杰出美国人协会授予"竭诚为社会各界领袖提出倡议杰出贡献奖"。在华盛顿举行的颁奖典礼上,迪卡普里奥告诫一些被授予国家荣誉学者奖的高年级学生"要学会感恩,努力工作。最重要的就是抓住你所拥有的机会帮助其他人发现自我,尽一切所能回馈社会"。

逐梦箴言

世界上最伟大的力量就是改变。从偶像转变为实力派,莱昂纳多·迪卡普里奥成功地完成了人生中一次重要跨越。机会是为渴望成功的人准备的,对于安于现状、不思进取的人来说,世界上从来不存在什么机会。

我的未来不是梦

知识链接

《泰坦尼克号》

《泰坦尼克号》是由著名导演詹姆斯·卡梅隆担任制片人并导演的一部影片。影片根据发生在 1912 年的一场真实的海难事件改编而成:在泰坦尼克号上,女孩儿罗丝因不想嫁给未婚夫卡尔而准备跳海自杀,被刚好得到船票登上这座豪华巨轮的穷小子杰克所救。杰克带她参加下等舱的舞会,给她画像……他们两人迅速地坠入情网。然而几天后,泰坦尼克号撞到了冰山上,不久便沉没了。罗丝和杰克面临着生死的考验。最后,杰克为了罗丝能活下去,为她取暖,鼓励她要坚强,而自己却冻死在寒冷的海水里。罗丝得救了,在她漫长的人生里,她从没有忘记杰克,不仅仅是因为杰克给了她短暂的快乐和一段凄美的爱情,更因为杰克给了她生存下去的决心和勇气……《泰坦尼克号》是当今最卖座的电影之一。巨大的拍摄成本、高额的票房、多达 14 项的奥斯卡提名和 11 项奥斯卡大奖使得导演卡梅隆和《泰坦尼克号》在好莱坞历史上留下了不可磨灭的印记。

■ "一切自信的人都是美丽的"

索菲亚·罗兰是一位享誉世界的意大利女演员。

在 1999 年的奥斯卡颁奖晚会上，索菲亚·罗兰给罗伯托·贝贝尼颁发最佳外语片奖时，罗伯托由衷地称赞道："与你的美丽相比，奥斯卡简直算不了什么。"

2006 年，英国某网站进行了一次"世界上最具自然美的人"评选。时年 72 岁的索菲亚·罗兰以高票胜出，被誉为"世界上最具自然美的人"。

你相信吗，就是这样一个风华绝代的美丽女人，当她第一次去为电影试镜的时候，却被一位著名的导演质疑过她的相貌。

索菲亚·罗兰 1934 年出生在意大利。她的母亲罗米尔达·维拉尼是一名不得志的演员，至于父亲，她从来就没有见过这个人。因为是私生女，索菲亚·罗兰跟随着母亲投奔了在那不勒斯的外祖父家，在一个贫民区里慢慢地长大。在她 5 岁那年，第二次世界大战爆发，战争的硝烟弥漫了她美丽的家乡。

童年的索菲亚·罗兰并不快乐。因为没有父亲，她饱受周围人们的歧视；因为战争，她的心中充满了恐惧；因为贫穷，她不得不忍饥挨饿，甚至因为单薄瘦弱而被人称为"牙签菲亚"。

战争结束后，好莱坞影片涌入意大利。唯一能让索菲亚·罗兰开心的就是看电影。每当灯光暗淡下来，银幕上悲欢离合的故事让索菲亚·罗兰沉浸在美好体验之中。在光影的世界里，她可以忘却生活里的悲苦以及所

台前幕后的瑰丽人生

有的不如意。她爱上了电影，甚至把泰隆·鲍华主演的《碧血黄沙》连续看了 12 遍。

14 岁的时候，索菲亚·罗兰还是一名洗衣女工。在妈妈的鼓励下，她参加了那不勒斯举办的一次选美比赛并获得了"海洋公主"的称号。15 岁时，她在意大利小姐选美赛中获"优雅小姐"安慰奖。正是这一次比赛让她结识了大制片人、大导演卡洛·庞帝。

卡洛·庞帝看到了索菲亚·罗兰身上的潜质，决定与她签定合同。但是，签定合同之前，他想跟他说一些事情。

他约她到他的办公室见面，开门见山地说："摄影师们有一个共同的看法，那就是关于你的鼻子……"

"我的鼻子有什么不妥吗？"她反问道。

"是的，你的鼻子太长了，我的意见是，如果你想成为一名出色的演员，最好考虑做一些变动。"

"你的意思是说要让我做鼻子的整形？"她感觉有些难以置信。

"是这样的。"卡洛·庞帝回答。

"不，我不想这么做。"她断然拒绝了他的要求，理直气壮地说，"我喜欢我的鼻子，我喜欢它现在的样子，它赋予我的脸庞以个性，它无须改变。"

"那么……还有你的臀部，你是否考虑一下，把你的臀部削减一些？"

索菲亚·罗兰坚定地说："无可否认，我的臀部确实有点过于发达，但那是我身体的一部分。我要保持我的本色，我不但不想做任何改变，而且会让成千上万的观众接受我。"

看着索菲亚·罗兰坚定而自信的目光，卡洛·庞帝被说服了。

他们签定合同，开始了长期的合作。

8 年以后，这个挑剔的导演成了索菲亚·罗兰的丈夫，他们共同生活了半个世纪，直到他在 94 岁时去世。

在卡洛·庞蒂的帮助下，索菲亚·罗兰开始了在电影界的发展。最初，她只能出演一些配角，但即使是配角，她也全情投入地演出。她饰演的配角，风采甚至超过了女主角。

1953年，她主演的《阿依达》轰动了意大利影坛。卡洛·庞蒂这样称赞她的表演："索菲亚充满活力和纤细的神经，具有在学校无法学到的那种韵律感。她不是明星，是艺术家。"

1954年，索菲亚·罗兰跻身偶像明星行列。她修长性感的身材、丰富的面部表情以及活力四射的野性魅力征服了广大的观众。好莱坞制片人争相邀请她出演他们的影片。1955年，索菲亚·罗兰主演的巨片《河里来的女人》在美国的发行又大获成功。好莱坞大导演斯丹尼·克兰玛欣赏过此片后，以20万美元的片酬邀请索菲亚到好莱坞主演《气壮山河》。从此，索菲亚·罗兰走向了世界影坛。

不断成熟、日臻完美的演技进一步确立了索菲亚·罗兰在影坛的地位。1959年她以《黑兰花》夺得威尼斯国际电影节最佳女主角奖。1961年，她以《两个女人》中的母亲角色荣获第14届戛纳电影节影后、第34届奥斯卡最佳女主角奖。从此稳定了她作为国际影坛一流影星的地位。

1992年，索菲亚·罗兰获得奥斯卡终身成就奖。

从一个洗衣女工到选美女郎，从配角到偶像明星再到世界影坛的一代巨星，索菲亚·罗兰成功了。

正如她自己所说的那样，"一切自信的人都是美丽的"。

自信成就了她的美丽，努力成就了她的成功。

逐梦箴言

自信不是盲目的自大，不是虚妄的骄横，自信是基于对自己实力的冷静分析和客观评价。自信的人从容淡定，处变不惊。索菲亚·罗兰不畏业内人士的"专业评价"，珍爱自己天然的形象，保持本色，并用切实的努力赢得了观众的肯定。

我的未来不是梦

台前幕后的瑰丽人生

知识链接

威尼斯国际电影节

威尼斯国际电影节是每年 8 月至 9 月间于意大利威尼斯利多岛所举办的国际电影节,与法国的戛纳国际电影节及德国的柏林国际电影节并称为世界三大国际电影节,最高奖项是金狮奖。威尼斯电影节创办于 1932 年,是世界上历史最悠久的电影节,即世界上第一个国际电影节,号称"国际电影节之父"。

戛纳国际电影节

戛纳国际电影节(Festival De Cannes)亦译作康城或坎城电影节,创立于 1939 年,与威尼斯国际电影节、柏林国际电影节并称为世界三大国际电影节,最高奖是"金棕榈奖"。法国戛纳电影节因大海、美女和阳光(Sea Sex Sun)而被称为 3S 电影节。自创办以来,除 1948 年、1950 年停办和 1968 年中途停断外,戛纳电影节每年定在 5 月中旬举办,为期 12 天左右,通常于星期三开幕,隔周星期天闭幕;其间除影片竞赛外,市场展亦同时进行。原来每年 9 月举行。1951 年起,为了在时间上争取早于威尼斯国际电影节,改在 5 月举行。1956 年最高奖为"金鸭奖",1957 年起改为"金棕榈奖"。

"坚持和坚强，
■ 是我到目前为止最大的自豪。"

　　她 19 岁成为谋女郎，主演第一部电影后就获得大众电影百花奖最佳女主角，20 岁蜚声国际影坛，26 岁凭主演三部不同的影片一口气拿下华表奖优秀女演员、金鸡奖最佳女演员奖和香港电影金像奖最佳女主角奖，27岁获得美国电影金球奖最佳女主角提名，亦是至今唯一获得该殊荣的华人影星，29 岁那年又拿下了人生的第二个华表奖优秀女演员奖。她有着火箭般的成功经历，喜欢她的人把她当作天使，不喜欢她的人把她当成魔鬼，而她不管别人说什么都会坚定地走自己的路，从一个寻常百姓家的女儿一步步蜕变成一个走向国际影坛的巨星。她，就是章子怡。

　　章子怡出生于北京普通的工人家庭，她从小学习舞蹈。1998 年还在读中戏的章子怡被著名导演张艺谋选中，出演电影《我的父亲母亲》女主角，这是她参加拍摄的第一部电影。做张艺谋电影的女主角并不是件容易的事，他要求章子怡的每个动作、每个表情都是那个年代乡下女孩的样子。为了演好这个角色，她在电影开拍前就深入农村，提前几个月过起了"我母亲"的生活。虽然如此认真、刻苦地做功课，开拍的第一个镜头就让章子怡难过了许久。

　　在《我的父亲母亲》中，"我母亲"的台词极少，反而有很多"我母亲"奔跑的戏，章子怡都一遍一遍地认真跑下来，跑到后来大腿肌肉拉伤，还因疲劳过度而晕倒在宾馆的椅子上。

　　影片中有一场"我母亲"等待"我父亲"的戏，眼睫毛上面需要有非常小的雪粒。拍这个镜头非常难，因为人的呼吸是有温度的，所以眼睫毛上的雪粒不容易凝结，怎么拍都拍不好。没办法导演决定放弃这个特写镜

头,但是章子怡坚决不肯。她慢慢地屏住自己的呼吸,慢慢地等待睫毛上的雪凝结。终于她的眼睫毛上面有许多的雪粒了,镜头终于顺利地拍完了。当所有人都收工的时候,章子怡却站在那里一动没动,因为她的两只脚在雪地里已经冻僵了。

章子怡拍戏就是有这么一股子狠劲和韧劲,不达目的绝不罢休,正因如此,她主演第一部电影就获得大众电影百花奖最佳女主角,而这部电影也获得柏林电影节银熊奖。

章子怡在《我的父亲母亲》这部电影中的表现给张艺谋留下了深刻的印象,他推荐章子怡加盟李安导演的武侠片《卧虎藏龙》,在片子里饰演叛逆格格玉娇龙。李安毫不掩饰他对章子怡外形和气质的失望,直到影片开拍的前一天还在试镜女演员。这给要强的章子怡带来了很大的压力,她暗下决心一定要加倍努力,在心里一直较着劲。

她在采访中这样谈到当时的感受:"李安的风格不是手把手地教你,看你演两三遍,他就让换个方式,十几、几十遍下来,他说,我要第三次的头,第12次的中间,第8次的尾。他从不说我演得好不好,我只能通过观察他看监视器的表情,猜测他的满意程度。最难受的感觉是,如果杨紫琼做得好,李安会抱抱她,可对我,从没。5个月呀,我就自己挨着,没人能倾诉。那时候,我特别瘦,只有90斤。关机那天,李安终于抱了我一下。我嚎啕大哭。"

《卧虎藏龙》是首部获得奥斯卡金像奖最佳外语片奖的华语电影,影片全球票房超过2亿美元,是华语电影全球票房最高纪录。章子怡也凭借此片扬名国际影坛。抓住机遇的人很多,但是把事情做到最好的人很少,章子怡就是那个既能够抓住机遇又能够做到最好的人。

章子怡没有被眼前的成绩冲昏头脑,在普通家庭成长的经历让她懂得珍惜,面对选择她总是保持着一份清醒。从2000年开始她不仅出演了《尖峰时刻2》、《英雄》、《十面埋伏》等大制作影片,也出演了《紫蝴蝶》、《茉莉花开》等文艺类型电影,这时的她开始尝试饰演各种不同的角色,进一步拓宽自己的戏路,不断磨炼自己的演技。

但是,人生不可能一帆风顺。2009年末爆发了"泼墨门"事件,紧接着2010年初又爆发"诈捐门"事件,这两个事件把章子怡仿佛从天堂抛向地

狱,她的诚信遭到质疑,她的演艺事业遇到最大危机,人人避之唯恐不及。面对巨大的压力章子怡也一度想过自杀,但后来她想:"不拍戏我还能做什么? 我死了只是一个人没痛苦了,还能解决什么问题?"她决定不再消沉,要坚强地活下去。在哪里跌倒就要在哪里爬起来。她没有停下自己做慈善的脚步,反而更多地出席慈善活动,要将慈善进行到底。

2012 年章子怡又凭借《最爱》中的"商琴琴"一角,荣获了中国电影导演协会 2011 年度表彰大会评选出的年度女演员。章子怡十余年的奋斗使她成为华语片影星中的翘楚,她用十几年的时间达到了许多演员一辈子也难以企及的高度,伴随她的除了掌声还有很多负面的声音,一直以来争议不断,但是她依然对电影充满了热情,她说:"坚持和坚强,是我到目前为止最大的自豪。"

逐梦箴言

章子怡打动观众的不是她的美丽,而是她的坚强。"苦心志、劳筋骨"的人都很幸运,因为没有失败,没有挫折,就不可能有成功。成功需要人去追求一种精神力量才能达到,那就是:坚强!

知识链接

中央戏剧学院

中央戏剧学院成立于 1950 年 4 月,是教育部直属艺术院校。它是中国戏剧艺术教育的最高学府,也是我国戏剧、影视艺术教学与科研的中心和亚洲戏剧教育研究中心及从事戏剧影视艺术训练和实践的重要基地。中央戏剧学院成立至今,培养了近万名毕业生,他们中有多人多次荣获文华奖,"五个一工程"奖,戏剧梅花奖,振兴话剧奖,电影金鸡奖、百花奖,电视金鹰奖、飞天奖以及国际电影大奖如金熊奖、金狮奖、金拐棍奖、金马奖、奥斯卡奖提名等,取得了令人瞩目的成就。

我的未来不是梦

● 智慧心语 ●

我是中国影坛演技最好的女演员，以前是，现在也是。自己都不肯定自己，谁还会支持你呢？

——刘晓庆

坚决的信心，能使平凡的人们，做出惊人的事业。

——马尔顿

要学会感恩，努力工作。

——莱昂纳多·迪卡普里奥

一切自信的人都是美丽的。

——索菲亚·罗兰

有信心的人，可以化渺小为伟大，化平庸为神奇。

——萧伯纳

坚持和坚强，是我到目前为止最大的自豪。

——章子怡

第十章

演好人生这一场大戏

嗨,还在听吗,你?

听我一口气讲完了这48个故事,你是否想一个人静静的待一会儿,细细的想一想?

不错,读书,还要思考。这样才有收获。

这48个电影演员里有你认识、熟悉的,也有你不认识、不太熟悉的。这都没有关系,因为即使你知道他们演过的电影,看过他们演的电视剧,可以细数他们塑造过的一个个鲜活的角色,也不一定知道他们在成为银幕上的那个他"TA"或是成为你心目中的那个"TA"之前,是一个什么样的人,有着怎样的缺点,爱看什么样的书,喜欢哪种运动,爱吃什么食物,钟爱哪种颜色……知道这些实在没有什么意义,尽管这些浅表层面的信息在如今这个信息时代你可以很轻松地得到。

我不建议你们做这样的追星一族,我讲这些故事,是想让你们知道这些演员们奋斗的历程,从而探究他们成功的必然原因。

关于梦想。人生不是梦,但人生需要有逐梦的勇气。梦想从来都不是稀缺之物,但追逐梦想的行动却是难能可贵的。没有付之行动的梦想,永远是美丽却遥不可及的空中楼阁。

关于勤奋努力。"世界没有完美,但努力可以接近完美"。

关于机遇。别等待机遇,不然你只会一遍一遍地失望。只要你努力了,机遇随时会到。

关于积累。把能做的事情做好,把每一件小事做好,你就会离你的梦想越来越近。

关于挫折。挫折不过是命运对我们的信念、毅力、勇气和方法的考验。

它让我们 NG,从头再来。

关于苦难。感谢生命中的苦难吧,它让我们坚强,让我们聪慧,让我们知道自己的潜能,让我们再也无所畏惧。

关于大器晚成。忍耐是一种智慧,忍耐是一种美德。

关于自信。做一个自信的人,那么你就已经向成功迈出了第一步。

我想用这 48 个演员树立梦想、追逐梦想、坚持梦想、实现梦想的故事告诉你们,明星耀眼的光环背后,是他们的平凡甚至卑微的身世,是他们心存梦想坚持不懈的奋斗,是他们抓住机遇突破自我的进取,是他们愈挫愈奋永不退缩的坚持,是他们厚积薄发百炼成金的积累,是他们张扬自我自信自强的拼搏。

亲爱的读者,现在,你想明白了吗?

去树立你的梦想吧!

去追逐你的梦想吧!

去实现你的梦想吧!

不要羡慕别人,不要妒忌别人,停止抱怨,停止观望,出发吧!

电影史上最出色的演员之一、"好莱坞的神话"马龙·白兰度说:"谁都会表演——当我们渴望得到某些东西时,当我们想达到某种目的时……人,无时无刻不在演戏。"

是这样的。

人生就是一场没有彩排的戏,你只需演好你自己。

我的未来不是梦

◉ 智慧心语 ◉

每次表演一个角色时,演员都必须生活在这一角色之中。

——康斯坦丁·斯坦尼斯拉夫斯基

我最爱打保龄球,因为每次都是自己发球,所以每个错误都不能怪谁。

——刘德华

我要在中国拍摄中国的电影,奉献给中国人,包括海外的中国人。

——张国荣

希望是厄运的忠实的姐妹。

——普希金

天才免不了有障碍,因为障碍会创造天才。

——罗曼·罗兰